The Art of Making Memories

How to Create and Remember Happy Moments

快樂記憶，讓現在更幸福

丹麥幸福研究專家教你打造美好時刻

讓幸福時光永保新鮮

麥克・威肯 MEIK WIKING 著　高霈芬 譯

推薦序

創造快樂記憶——用儀式感喚起生活的美好時刻。

吳娸翎（生活美學作家）

如果說，找到不快樂的源頭才能解決一生的心理問題，那麼找到快樂的回憶，則可以讓自己在生活中得到喘息，《快樂記憶，讓現在更幸福：丹麥幸福研究專家教你打造美好時刻，讓幸福時光永保新鮮》正是一本快樂記憶的指南。

作者不只是分享快樂記憶的美好之處，也用許多名人實例讓我們更貼近快樂記憶，跟著書中的方法，善用感官記憶去記得每個快樂時刻，喜愛香氛的人，可以運用香水去幫助記憶，像是當我開心時，我總是使用木質調的香氛，於是木質調的香氣就與快樂有了連結，這樣的方式也可以運用在五感之中，此外，我也喜歡用相片去記錄快樂時刻，只要看到照片就能想起當時的自己。

這是一本值得細細品味的書，既實用又好讀，每種快樂記憶的方法，都能落實於生活之中，像是書中談到「故事的力量」，作者教我們去回顧最早的童年記憶，心理學家認為，最早的記憶，就是一個人一生神話的開始，不只是早期回憶，人生的「第一次」經驗也總讓人印象深刻。

不只要記得快樂記憶，也要不停創造屬於自己的快樂回憶，作者認為新奇、有趣的事，比較容易被記住，也因此他建議，每年都該去一個從沒去過的地方。

巧合的是，在我人生中領到第一份薪水開始，我就這麼做了，每年去一個新地方，已然內化成生活的一部分，一開始是有意識的去一個新的地方，到了後來不會刻意記得，去哪裡對我來說，也不是最重要的事，而是我在那個當下順著心走，這些旅程都帶著快樂記憶，即便是在三十歲罹癌的那年，我也在手術前，出發去土耳其，對我來說疾病的痛苦與旅遊的快樂記憶相伴，似乎就沒有那麼辛苦了。

此時此刻，我深感我是快樂記憶的受惠者，人不可能總是快樂，但如果有快樂記憶，難過的時候，喚起快樂記憶，就能感受到溫暖的力量，原來我也曾經笑得那麼開心，原來我也曾經做過冒險的事，原來我不是一直這麼低落的。快樂記憶提醒著我們人生還有不同的樣子，透過閱讀《快樂記憶，讓現在更幸福：丹麥幸福研究專家教你打造美好時刻，讓幸福時光永保新鮮》，再次感受快樂記憶的神奇魅力。

推薦序

快樂記憶創造者。

陳郁敏（Happier Lab 更快樂實驗所創辦人）

「請描述你最近的一個快樂記憶。」

你的回答是什麼？我的答案是第一次坐小遊艇從太平洋看都蘭山，從海上隱隱約約看到我們在半山腰的房子，還看到飛魚躍出水面在陽光下閃出銀白色的光。

我們的生活滿意度，也就是我們的幸福，取決於我們是否擁有美好的回憶。每天都似乎很忙做很多事，努力把每一時刻都填得滿滿的。哪些會變成以後的記憶？在回憶過往的時候，看到的是各種瑕疵與失敗，還是快樂、幸福的好時光呢？或是一片空白？如果是空白的也沒關係，重要的是從今天開始有意識的重視創造快樂的體驗！

本書作者麥克・威肯是丹麥幸福研究機構的幸福研究員。這本書教我們如何創造並記住歡樂好時光。

最啟發我的是：「未來如何回憶我的人生掌握在今天我如何生活，甚至能夠影響身邊親友的人生。」我們是主動記憶創造者，不是被動隨機的累積記憶。你可能說旅行中印象最深刻的是被扒錢包，這種特殊體驗的確是難忘的。但是記憶創造者關注的是自己有意識地創造體驗，而不是被動地等待發生在我們身上的事。

大家最常記得的事件有一些共同點：新奇、有意義、情緒體驗，以及感官體驗的事件。

- 新奇、特殊的體驗：23%

- 感官體驗：62％
- 用心體會的事件：100％
- 別具意義的事件：37％
- 情緒體驗：56％
- 高峰與低谷：22％

追求第一次（Power of the Firsts）

我的好友來台東探訪，我為他創造了兩個第一次。

第一次看月昇，我算好時程晚上九點三十分在屋頂等待。火紅的月亮悄悄地浮上水面，由橘紅慢慢變成銀白灑在太平洋上形成一道月河。

第一次裸泳，克服羞恥心，赤裸裸地在水中感受完全沒有束縛的自由。

有意識的規劃（Intentional Effort）

每個月月圓的那幾天，我固定會空下來留給與月亮的約會。當然有時候月亮會爽約，躲在厚厚的雲層後面不跟我見面。有時候，月亮又會太早到，太陽還沒下山就出現了。

台東是我的第二個家，一有時間我喜歡回台東。不過每年一定會去一個從沒去過的地方。我喜歡探索未知地，可以是異國旅行，也可以是台灣沒去過的地方，雖然安排行程不是一件簡單的差事。上一次去南美洲最南端的巴塔哥尼亞健行，這是我從小就夢想要去的地方。為了觀看費茲洛伊山峰的日出，特別安排凌晨三點開始登山，在刺骨寒風中等待日出。大概六點左右，費茲洛伊尖頂開始被第一縷陽光染紅。隨後，被染紅的區域逐漸向下擴張，延伸到山下的雪坡，整條天際線的岩石表面都被柔和的橘紅色的光所覆蓋。這是整個日出最為壯美的一幕，朱先生和我兩人互相擁抱，感動到說不出話。

我記得去馬來西亞的私人島嶼 Pangkor Laut，渡假村開幕時聘請已故義大利男高音歌唱家帕華洛帝為開幕獻唱。為了創造記憶，在海浪聲的伴隨下，我們聽了一整晚帕華洛帝的歌劇。現在只要聽到帕華洛帝的歌聲，我自然就想到這次渡假的美好回憶。

當下的體驗運用愈多種感官：視覺、嗅覺、聽覺、味覺，記憶就會愈鮮明。這是需要刻意安排，需要當下用心去感受。情緒反應會使我們對某些體驗、某些片刻的記憶更加深刻，所以創造記憶的藝術其實就是善用情緒螢光筆。

在行動中找到快樂（Happiness exists in action）

用心在當下創造快樂時光，未來就充滿美好的記憶。如果我沒有預先跟小遊艇主人約定時間，我不會有從海上看都蘭山的回憶，更不會看到飛魚跳躍海面的奇景。

Contents

推薦序 創造快樂記憶——用儀式感喚起生活的美好時刻 吳姵翎 002

推薦序 快樂記憶創造者 陳郁敏 005

前言 現在開始創造快樂記憶 014
蒐集一千個快樂記憶的全球研究／回想快樂的事就會愈快樂／情節記憶＝人生的片段＋自己的觀點／能夠聯想快樂記憶的位置記憶法／懷舊，是因為過去比現在美好？

Chapter 1
善用「第一次」的力量 041
你人生中最精彩的故事都發生在三十歲前嗎？／初體驗，最新鮮／你認為的平凡無奇，可能是我難忘的體驗

Chapter 2
豐富五感饗宴
用味覺喚醒記憶／善用感官體驗／把生活記憶化為香氣／當嗅覺連結情感，記憶就能永保新鮮／假記憶造就的飲食習慣／圖像化比文字記憶更強大
067

Chapter 3
用心體會
有意識地注意「細節」／破壞專注力的分心時代／海馬迴負責記憶，杏仁核主導情緒／情境觸發：換個環境也會影響記憶／留意每一個細節，記憶更能長久
101

Chapter 4
創造有意義的時光
用心就會記得／生活中揮之不去的吉光片羽／引起懷舊之情的那些回憶／達成夢想的里程碑／美好人生的三種姿態／喚醒記憶才能加深記憶
123

Contents

Chapter 5
用情緒螢光筆標下記憶重點
百分之五十六的記憶都跟情緒有關／測量推特用戶情緒指數的快樂測量儀／讓人留下深刻印象的閃光燈效應／失智症會讓記憶離去，但愛不會消失／情境學習能改善學習動機和長期記憶
143

Chapter 6
捕捉高峰與低谷
峰終定律：最大記憶點，就在最高潮與結尾／過程愈辛苦，印象就會愈深刻／挑戰愈困難，勝利愈甜美／峰終週末：週末比較幸福／「到底家事誰做得多？」的記憶糾紛
169

Chapter 7
說故事讓回憶永遠保鮮
把記憶說得活靈活現／集體記憶誤差的曼德拉效應／該如何擺脫遺忘曲線？／你最早的記憶是什麼時候？／夏天、沙灘，是童年最難忘的回憶／五十個最常見的兒時記憶
193

Chapter 8
透過物品重現記憶
照片或小物能幫助我們重返過去時光／社交軟體和手機削弱了我們的記憶能力／數位照片是回憶的救星？／那些讓你信以為真的假記憶／Instagram 上有哪些回憶紀錄？／你快樂嗎？用幸福數據檢測你的幸福指數／完美的「後設紀念品」
221

結語 給過去一個光明的未來
放手的藝術：記憶超載會使人癱瘓／想讓未來更好，就從改變現在開始／規畫快樂又難忘的一年／重返幸福之地
243

謝辭
269

前言

現在開始創造快樂記憶。

”改述自二十世紀偉大哲學家小熊維尼的話：「我們並不知道自己正在創造回憶，只知道自己當下很開心。」“

我也一向如此，直到今年發生了一件事——我今年滿四十歲了。情況變得不一樣了。

上週我發現我的額頭正中央長了一根毛，不是那種決定離開眉毛，搬到近郊的小雜毛。這根毛想要逃離文明，跑得遠遠的，深入野外。它是眉毛界的梭羅。拔眉夾是四十歲的人最好的朋友。

人到了四十歲，用字遣詞也會有所改變，現在你有資格說「這年頭」這個詞了。顏色對你也有不同的意義，白髮不再是白髮，而是「主管風金髮」。你會找到新的樂趣，例如烤完蔬菜後，會想打開烤箱來「享受暖氣」。

然而，從數據上來看，四十大關也意味著我此生已經過了一半。丹麥男性的預期壽命大約是八十歲，我不怎麼相信來生，但堅信我們必須在死前過好餘生。

截至目前我的人生已經過了四十年，或說四百八十個月，也可以說是一萬四千六百一十天。有些日子船過水無痕，但有些快樂記憶卻會一輩子跟著我們。我們的一生不在於逝去的日子，而在於我們會永遠記得的日子。於是我開始想，在這一萬四千六百一十天中，我記得哪些日子呢？我為什麼會記得這些日子呢？我要如何讓未來的每一天活得更有意義呢？我們要如何汲取過去的快樂回憶，並在當下創造歡樂時光呢？

我記得每一次的「初吻」，但在二〇〇七年三月發生的事我卻沒有一件記得；我記得初嘗芒果的滋味，但十歲時的三餐我沒有一餐記得；我記得小時候和其他小孩在外玩耍時，遊戲場的青草味道，但這些小孩的名字我實在想不太起來。

所以，回憶究竟是由什麼組成的？為什麼某段樂曲，某種氣味，某個味道可以喚起我們已經遺忘的回憶？我們又要如何學習創造快樂回憶，並更有效地保存這些回憶呢？

身為一名幸福研究員，我常提出這類問題，也試圖想要找到答案。我的工作是研究幸福，找出是什麼能讓人們感到快樂、找到什麼是美好生活的關鍵，以及了解如何讓人生更美好。幸福研究機構是一間智庫，致力於研究幸福、快樂和良好的生活品質，在這裡，我們探索人類幸福的因果，並努力改善世界各地居民的生活品質。

我們之所以記得某些日子是因為這些日子很悲傷。悲傷是人類經驗的一部分，記憶的一部分，也是我們這個人的一部分。然而，身為一名幸福研究員，我主要的興趣在於找出快樂回憶的製造原料。

幸福研究結果發現，對過去抱持正面態度、比較懷舊的人會感覺人生比較幸福快樂。自古以來所有人類都有懷舊之情，而今天世界各地都有學者在研究懷舊之情如何創造正面感受，提升我們的自尊，並讓我們更感覺被愛。也就是說，是否能一直幸福可能取決於我們是否能用正面角度來闡釋人生。

我的研究主要在找出快樂記憶的元素。這相當難以啟齒，要追著陌生人問他的回憶，會被以為是人魔漢尼拔吧？「告訴我妳的兒時回憶，克莉絲。」我也曾以考古學者的角度問自己這些問題，探索自己的過去，試著找到答案，按圖索驥尋找失落的快樂記憶寶藏。因此，我造訪了在二十年前就已經賣掉的兒時老家，想要了解環境的氣味如何勾起回憶。感謝新屋主在我問出「可以進去聞一聞你家的氣味嗎？」的時候，他沒有當著我的面甩上門。

在尋找失落的寶藏時，我也發現了在創造、塑造和喚起兒時回憶時，父母扮演著重要的角色。我母親於二十年前過世，而我大半的回憶都跟著母親一起消失了。從這個角度來看，這其實也是尋找失落亞特蘭提斯的故事——

探索消失的記憶。

我想要喚醒、保存這些記憶，因為一個人的身分認同就建立在記憶之上。記憶就像是膠水，讓我們能夠了解自己，能夠在時間的洪流之中不會漏失一切，一直維持本色；記憶也是人類的超能力，讓我們可以脫掉此時此刻的束縛，來一場時空旅行。記憶不僅塑造我們的為人處事，更影響我們的情緒，也替我們勾勒出未來的藍圖。

蒐集一千個快樂記憶的全球研究

二〇一八年，幸福研究機構針對快樂記憶進行了一項全球性的大規模研究，名稱就叫做「快樂記憶研究」（The Happy Memory Study）。

「請描述一項令你感到快樂的記憶。」這是我們提的問題。我們要找的並非是某一個特定的記憶，所以我們請受訪者寫下當下想到的第一個記憶。

我被受訪者的回應給淹沒了。就我所知，快樂記憶研究是目前全球蒐集最多快樂記憶資料的研究。

我們收到了來自世界各地，總計超過一千份的回應。這些回應來自七十五個國家，有比利時、巴西、波札那、挪威、尼泊爾、紐西蘭和北威爾斯。快樂記憶就如雪片般飛來。

這些快樂記憶來自地球不同的角落、不同的世代、不同的性別，有的來自悲傷的人，有的來自對人生感到興奮的人。雖然這些快樂記憶來自四面八方，但每一個記憶都能引起我的共鳴。我知道為什麼這些時刻能成為這些人的快樂記憶。我們也許是丹麥人、韓國人或南非人——但重要的是，我們都身而為人。

若進一步研究這些快樂記憶，就會發現這些故事中有些共通點。大家會記得新奇、有意義、能觸動人的情緒，以及震撼感官體驗的事件。

舉例來說，調查中有百分之二十三的快樂記憶是新奇或特別的體驗，像是第一次出國；百分之三十七的記憶是別具意義的事件，如婚禮或孩子出生；百分之六十二的記憶和感官體驗有關，像是其中一名女性看到、聞到、嘗到墨西哥波布拉諾辣椒（poblano），而想起小時候母親總在爐上烤著這種辣椒。

我們也問受訪者覺得自己為什麼會想到這些事件，有百分之七的人表示這些記憶已經變成了故事，或是以紀念品、日記或照片等形式保存下來。

- 新奇、特殊的體驗：23%
- 感官體驗：62%
- 用心體會的事件：100%
- 別具意義的事件：37%
- 情緒體驗：56%
- 高峰與低谷：22%
- 已成為可向人述說的故事：36%
- 外在形式的紀錄：7%

（註：一個回憶可以同時勾選很多項事件。）

我們收到了人生大日子的回憶：例如結婚典禮、女兒踏出的第一步。我們收到了平凡小確幸的回憶：陽光照在皮膚上的感受、邊吃酸黃瓜乳酪三明治，邊和老爸一起看足球、在愛人的身邊醒來。

其他還有像是人生中各種探險的回憶：乘坐狗雪橇、獨自到義大利旅遊、搬到阿姆斯特丹；也有瘋狂時光的回憶：跳到乾草堆上、玩柳橙大砲、在結冰的湖上用運動鞋開紅酒瓶；也有勝利的回憶：順利通過考試、在勢均力敵的足球比賽中獲得險勝、鼓起勇氣上台，拿著麥克風分享自己寫的作品。

還有些是日常生活的回憶：看著陽光射進窗內、走進書店、下午和媽媽一起邊吃蛋糕邊看《虛飾外表》（*Keeping Up Appearances*）[1]；有些是與大自然親密接觸的回憶：半夜頂著月光與星光在瑞士的湖裡游泳、在挪威的

1 《虛飾外表》是一部英國情境喜劇，劇中的踐女海欣．巴克特（Hyacinth Bucket）想說服全世界把她的姓氏讀作「布克」（Bouquet），也就是「花束」的意思。

野外散步、望向一望無際的大蘇爾（Big Sur）——除了自己與太平洋以外，沒有別人；有些是歡樂好時光的回憶：水球大戰、互丟雪球、在無人溜冰場上溜冰；還有些是和親朋好友有關的回憶：愛人即時的擁抱，或是同事知道你最近過得很慘，而替你布置了你的辦公小隔間。

這些回憶是一片片的拼圖，可以解釋快樂時光是由什麼組成、快樂記憶有哪些元素，以及為什麼我們記得某些事情。接下來的章節就來探討這些元素。

回想快樂的事就會愈快樂

在幸福研究機構的快樂記憶研究中，有一部分是要探索人是否能藉著回想快樂記憶，來增加當下的幸福感。

我們請受訪者想像一個階梯，底層的數字是零，頂層是十。「假設階梯最頂端對你來說是最美好的人生，最底端是最悲慘的人生，那麼你覺得現在的你是站在階梯上的哪一層？」這個問題反映了一個人的生活滿意度、整體幸福感，也就是長期的幸福，這要非常努力才有辦法提升這方面的滿意度。世界幸福報告（World Happiness Report）中也使用了這個問題。

我們也問受訪者：「你覺得自己現在的快樂程度是多少？零代表『非常不快樂』，十代表『非常快樂』。」這個問題的答案可能會受到當下是星期幾，當下的天氣，或者發生的事情所影響——過去的回憶也可能影響作答。

我們發現受訪者描述快樂記憶時使用的字數，和他們當下的快樂之間存在著細小但顯著的關聯。用愈多字描述快樂記憶的人在當下愈快樂。我們無法確知這些人是因為心裡想著快樂記憶所以比較快樂，還是其實是因為比較快樂所以才想起快樂記憶。若是心情很好，也許就比較願意多花一點時間回答愚蠢科學家的問題。總而言之，這方面仍待未來再深入探究。

另外還有一個有趣的發現。我知道現在這個時代充滿分歧，我也不想火上加油，但身為科學家，我認為告知真相是我的責任。讀著大家的快樂記憶，我很難不注意到有十七個人提到他們養的狗，卻只有兩個人提到他們養的貓。這代表什麼呢？嗯……其中一個可以用來解釋的理論是普遍性。如果養狗的人比養貓的人多，那麼快樂記憶中就比較容易有狗的存在。另一個理論是狗狗最讚。哪一種說法最合理呢？你自己的說法最合理！

情節記憶＝人生的片段＋自己的觀點

研究中我們也問「你昨天晚餐吃了什麼？」試著回顧昨晚。你吃了什麼？在哪裡？跟誰一起用餐？你喝了什麼飲料？是你下廚嗎？吃飽後誰負責清洗髒碗盤？

再來接著問下列問題：柬埔寨的首都是？全世界最高的山是？第二次世界大戰結束時的英國首相是誰？

從腦中叫出昨天晚餐的資訊與叫出英國首相邱吉爾的資訊是兩碼子事。這是「記得」與「知道」的差異，「記得」是自傳式的情節記憶（episodic memory）；「知道」是我們的語意記憶（semantic memory）。

要討論記憶得要先區分情節記憶和語意記憶。語意記憶是記得法國首都是巴黎的能力；情節記憶是你記得自己的巴黎之旅的能力。一九七二年，多倫多大學的心理學者與認知神經科學家安道爾・圖威（Endel Tulving）首先提出這兩者之間的差異。以上這句話會直接進入你的語意記憶，這樣你懂我的意思了吧？

要從情節記憶中提取記憶，就要回到過去重新經歷這些記憶。試著想起二戰尾聲的英國首相是誰就完全是另一件事。你大概不記得你學到這個知識的時間和地點，這就只是一件你知道的事，與你個人經驗無關。這個記憶沒有味道、沒有氣味、沒有聲音。這個記憶可能少了伴隨著你昨天晚餐的豐富感官體驗。

情節記憶是我們個人特有的親身體驗，可以從自己的過去中提取；語意記憶是沒有時間性的知識，是與全球共享的世界知識。

此外，情節記憶可以想成是第六感，也就是我們對於過去的感覺，這也是人類時間旅行的能力。根本不需要時速八十八英哩的 DeLorean 時光機，或是馬蒂．麥佛萊（Marty McFly）。

圖威認為這種時間旅行、重新體驗某件事情的感覺，就是情節記憶的關鍵元素。你的情節記憶通常是某個經歷的小片段，再加上自己的觀點，也就是你對這件事情的看法，這些片段大致以時間順序排列。比方說你正在煎魚，電台傳來納京高（Nat King Cole）的歌聲，你啜飲了一口冰涼無甜味的紅酒後，不小心被煎鍋燙到了手指，因此你大罵了一聲髒話，在房間的另一半問說：「怎麼了？」你回答：「沒事，晚餐煮好了！」接著你從烤箱取出蔬菜。你打開烤箱門感受到烤箱的溫度後，微笑著坐了下來。

一個人的情節記憶非常複雜，情節記憶在兒時發展的時間也比語意記憶晚。你會先習得關於這個世界的知識，接著才會記住自己在世界上的體驗。這兩種記憶系統都是長期記憶的一部分，而長期記憶中還包含程序記憶（procedural memory），這是圖威的第三類長期記憶。除了這三種長期記憶以外，人類還有短期記憶。然而，語意記憶和情節記憶是「外顯性記憶」，而程序記憶則屬「內隱性記憶」。程序記憶讓我們可以不用思考就能完成所習得的事情。例如記得如何騎腳踏車、如何刷牙、如何洗碗、如何簽名、如何在聽到手鐲合唱團（the Bangles）的歌的時候「像埃及人一樣走路」。

本書著重探討情節記憶。如果你想要記住《瑪卡蓮娜》的舞步，或是背下圓周率小數點後一萬位，那你得自己想辦法了！

能夠聯想快樂記憶的位置記憶法

因為工作的關係，我常和活在憂鬱症陰影中或曾患憂鬱症的人談話。這些人有個共通點，就是他們在最低潮的時候不僅無法感受任何一丁點喜悅，甚至連過去的快樂片刻都想不起來。憂鬱症患者不僅有可能無法提取快樂記憶，甚至還會反覆回想不好的事情。

好在有學者正著手進行研究，幫助飽受憂鬱之苦的人。劍橋大學臨床心理師提姆・達爾格許博士（Dr. Tim Dalgleish）想要運用「位置記憶法」

（the method of loci，一種運用圖像和空間記憶的記憶方法）來幫助憂鬱症患者喚起快樂記憶。其中一項研究中，博士與他的同事們協助四十二名患有憂鬱症的受試者創造十五個快樂記憶，讓他們在情緒低潮時可以回想這些記憶。

這研究需要受試者付出努力，因為憂鬱症會損害喚起正面記憶的能力，受試者有時會表示「我沒有十五個正面記憶」。所以研究員會幫助受試者加強這些記憶，用感官去感受更豐富的細節如氣味、顏色或聲音，來讓記憶更加鮮明。接著就是要運用位置記憶法，將這十五個記憶安置在受試者熟悉的家中或是路上。控制組則接受另一種記憶訓練，將記憶切分成有意義的小單位，不斷演練，這是我們在準備考試時通常會採取的策略。

兩組人馬在接受了一週的訓練之後，喚起記憶的能力都進步到近乎最佳狀態。一週後，研究員打電話突訪受試者針對這些記憶進行測驗時，只有使用位置記憶法的受試者能夠順利想起快樂記憶。

然而，不容忽略的一個重點是，雖然受試者表示自己心情有所改善，但他們在憂鬱量表上的分數卻未有顯著的進步。此外受試者已經知道實驗的期望結果為何，他們所回報的心情改善有可能只是安慰劑作用。儘管如此，能夠喚起快樂記憶算是一大進步。現今，懷舊被認為是一種實用的心理機制，可以減緩寂寞、焦慮的感覺，讓人幸福加分。

快樂記憶
小祕訣

進入記憶宮殿

我走進兒時住處時，三劍客正在玄關互鬥。我彎腰閃掉波爾多士[2]的揮劍，滾到廚房。貝多芬正在廚房，從烤箱取出烤雞。廚房內的餐桌前方有個壁爐，教宗方濟各想要生火，但他的白帽沾上了煙灰，他便咒罵了起來。隔壁房內，尼爾．阿姆斯壯彈著鋼琴，不過他穿著太空服，所以一次會敲下好幾個琴鍵。

這不是夢。這是經過精心規畫的記憶宮殿。讓我來好好解釋一下。我們今天所使用的記憶技巧很多都可追溯至希臘羅馬時期。其中一個技巧叫做「位置記憶法」（the Method of Loci），拉丁文「loci」的意思是「場所」，所以又稱作「記憶宮殿」（mind palace）。如果你喜歡BBC犯罪劇《新世紀福爾摩斯》（*Sherlock*）的話，這正是班尼迪克・康柏拜區（Benedict Cumberbatch）飾演的夏洛克・福爾摩斯所使用的方法。

據傳第一個使用這種記憶法的人是西元前五千年的希臘詩人西蒙尼特斯（Simonides）。西蒙尼特斯又被稱作「舌如蜜之人」，總在宴會、慶典中用詩作和頌歌娛樂在場賓客。一次表演結束後，就在西蒙尼特斯從舉辦宴會的神殿走出來的那一刻，屋頂塌了下來，殿內的人全數身亡。屍體被壓到面目全非，根本無法辨識身分。但是西蒙尼特斯卻成功還原了當晚稍早殿內的景象，他記得誰坐在屋內的哪裡。事後他再回想起這事件，由此建構了位置記憶法。

2 編注：三劍客之一，其他兩名為亞拉米斯（Armis）和亞多士（Athos）。

現今各種記憶比賽中常會使用這種記憶法，參賽者必須迅速記住閃過眼前的撲克牌順序。參賽者會先預設一個記憶宮殿——他們熟悉的地方，例如兒時的家或是熟悉的路線。參賽者也會先替這套牌中的每一張牌設定一個角色或是人物。在我自己的設定中——黑桃六是瑪麗蓮．夢露；紅心J是我哥；梅花K是金剛。

我的梅花全是虛構的人物（例如魯賓遜或是傑克．史派羅）；紅心是我認識的人；方塊是當代名人（川普或是丹麥女王瑪格麗特二世）；黑桃則是已故名人或歷史人物（法蘭克．辛納屈或埃及豔后）。

再來，八是戴眼鏡的人物（如甘地，因為阿拉伯數字八長得像眼鏡）；九是德國人（因為數字九的英語發音聽起來很像德語的「不」）；四是有養四腳寵物的人物（養了隻白雪的丁丁）。

把數字和圖案套在一起就可以幫助記憶，舉例來說，黑桃（已故的歷史人物）九（德國人）就是貝多芬。

這樣當你看到牌的時候，便可以把該牌對應的人物放在記憶宮殿或是熟悉路徑的第一個位置，在腦海中替他們創造出一個場景。角色在場景中若有事做就更能幫助記憶。劇情愈低級、愈調皮、愈不合理愈好。

然後你就可以試著回想——是誰在廚房裡把烤箱中的烤雞取出來？是貝多芬。又是誰在生火的時候因為衣服沾到煙灰而咒罵？是教宗，對吧？（也就是我的方塊十）是誰在彈鋼琴？是穿著太空服的阿姆斯壯：黑桃A。他的一小段音樂成了你腦海中揮之不去的一段影像。

警告！我在熟悉上述這套記憶法時正在前往加拿大的飛機上。我太專注想要記住整套牌的順序，然後就把筆電忘在座位前方的椅背袋裡了。我知道這很諷刺，不過如果你讀過《全世界最幸福的人的幸福祕訣：Lykke》（*The Little Book of Lykke*，暫譯），你就會知道這不是我第一次把筆電忘在飛機上。為了避免這種情況再度發生，我現在會把一支鞋跟筆電一起放在椅背袋裡。

使用記憶宮殿法，我現在大約只需要六分鐘就能記住整套撲克牌的順序。記憶宮殿不僅是派對噱頭，我們也可以用它來做更重要的事。

懷舊，是因為過去比現在美好？

《廣告狂人》（*Mad Men*）是時空設定在一九六〇年代一間廣告公司的電視劇，我最喜歡的一幕出現在〈旋轉木馬〉（The Carrousel）那一集。

柯達發明了新的圓盤型幻燈機，想在廣告中稱這款機型為「車輪」（the wheel）。斯特林庫柏廣告公司的創意總監唐・德雷柏在和柯達客戶開會時打開了幻燈機，播放著他和家人的舊照片。幻燈片中有他的妻子、小孩、歡樂時光、快樂記憶。

會議中，德雷柏談到廣告業的行事風格，也說到廣告最重要的元素就是「創新」。但他也提到，廣告是消費者與產品建立更深層連結的機會，也是一種情感上的連結。而「懷舊之情」微妙卻很有影響力，是心頭的一陣刺痛。這不只是一台幻燈機，而是一台攜帶式懷舊之情製造機，可以帶著我們回到過去的時光機，帶我們到一個我們巴不得重溫的地方。這不是車輪，而是旋轉木馬。它能讓我們變回小孩子，回到有人深愛著我們的地方。

劇情是虛構的，但是懷舊行銷策略是真有其事。精品手錶的廣告用這種手法對消費者許下在未來會感覺懷舊的承諾：「你並不擁有百達翡麗（Patek Philippe），你只是在替下一代保管百達翡麗。」不過，雞塊也曾使用相同的廣告策略。

二〇一六年，麥當勞禁止販售含有抗生素和人工防腐劑的雞塊，為此推出了一支以懷舊為主題的電視廣告。分割畫面的左邊是個小男孩，右邊是小女孩。背景音樂是辛蒂．羅波《一次又一次》（Time After Time）的不插電版。東西傳到小女孩手上後會從八〇年代的版本變成現代產品。為人父母總想給子女比自己更好的東西。廣告最後，小男孩傳了一個雞塊給小女孩後，滑到了女孩側的螢幕中，忽然變成了成人——原來男孩是女孩的爸爸！想不到吧！真是好廣告，我看完差點哭，但其實我根本不喜歡麥克雞塊。

根據《富比士雜誌》報導，懷舊會被當成一種行銷策略是因為「重溫正面的回憶，以及過去喜歡的偶像讓人感覺很好」。而二〇一二年的《推廣管理期刊》（*Journal of Promotion Management*）中，米林和帕斯卡的〈懷舊廣告效應的參與解釋〉（An involvement explanation for nostalgia Advertising Effects）論文結論提到，廣告中的懷舊元素會影響人們對廣告的專注度，以及人們看待品牌或產品的態度。所以今天的廣告、電視節目、博物館、時尚界、音樂圈、室內設計以及政治圈中自然充斥著懷舊的元素。

因此我們看《廣告狂人》和《冷戰諜夢》（*The Americans*）[3]；我們買古著、古董家具、黑膠唱片，我們逛古董店，或到德國歷史研究院「人們留下的東西」展覽中看德國移民帶到英國的鋼筆，甚至連美國總統川普也承諾要「讓美國再次偉大」。由此看得出來懷舊不僅很微妙，也很有影響力。不過以前可不是這樣。

一六八八年瑞士醫生約翰尼斯．霍費爾（Johannes Hofer）於他的醫學論文中提出了懷舊一詞。霍費爾認為這是一種生理或精神上的疾病。症狀包括極度想家、啜泣、焦慮、失眠以及心律不整。他認為懷舊類似於偏執，不過懷舊是因渴望以及憂鬱而躁動，而且與特定地點有關。

懷舊的英文「nostalgia」是複合字，由「nostos」（歸回或返家之意）

和「algos」（痛苦）組成，這個字源自史上最早的鄉愁史詩。

奧德修斯在特洛伊戰爭取得勝利之後，與他的軍隊起航前往伊薩卡，也就是他的家鄉，準備回家與妻子潘妮洛普重逢。特洛伊和伊薩卡之間的距離只有五百六十五海哩，但奧德修斯卻花了十年的時間才抵達。我猜與獨眼巨人鬥智，抵抗海妖塞壬，逃過海神波賽頓的怒氣很耗時吧。總之這十年當中有七年的時間，奧德修斯是在俄奇吉亞島上與卡呂普索（Calypso）女神一起度過的。美麗的卡呂普索愛上了奧德修斯，告訴奧德修斯若能娶她為妻，便能賜他長生不死。但是奧德修斯仍心繫家園與妻子。「潘妮洛普的地位和美貌都不及妳，因為妳是青春永駐之不死女神，而她是必死之軀。但我終日渴望、心心念念的人是她。所以我想念我的家園，期盼著返家的那一天。」長話短說，奧德修斯回到家後發現，忠心等待著丈夫回家的妻子身旁圍繞著一大票追求者，於是便展開了一場《權力遊戲》³。

3　場景設定在一九八〇年代的諜報片。

霍費爾認為懷舊這種疾病好發於軍人，尤其是從阿爾卑斯山下到歐洲低地、平原作戰的瑞士傭兵，他們很想念瑞士的高山。當時懷疑病原可能是大氣壓力的顯著差異，大氣壓力的改變可能會損害大腦、耳膜，而回到瑞士阿爾卑斯山後，再聽到一天到晚噹噹作響的牛鈴，又會對大腦造成二度傷害。在十八至十九世紀間，有些醫生甚至開始找尋「引起懷舊疾病的骨頭」。到了十九世紀早期，懷舊已不再被視為精神疾病，而是憂鬱症的一種表現，這種看法一路延續到了二十世紀。

在今天，懷舊是科學研究的範疇，已有許多不同的量表可以測量人們對過去和現在的看法以及懷舊之情的易發度。舉例來說，荷布魯克懷舊量表（Holbrook Nostalgia Scale）會問受試者是否同意類似下列的問題——「現在的商品品質愈來愈差了」、「國民生產毛額的穩定成長使人類比以前更加幸福」以及「過去的一切都比現在美好」。南安普敦大學是這個學術領域的領頭羊，南安普頓懷舊量表上的問題有「對你來說懷舊多有價值？」以及「你有多常回憶過去的體驗？」

研究懷舊是有合理原因的。首先，懷舊是每一個人很常經歷到的情緒。一項針對英國大學生所進行的研究中，有超過百分之八十的受試者表示一週至少會懷念往事一次。這種現象放諸四海皆準。世界各地的人都會思念自己的心上人以及特別的事件。我們會想起婚禮、夕陽、在營火旁取暖、熬夜到天明，以及看著太陽從海平面升起等記憶。我們通常是這些故事的主角，但是這些故事也參雜了其他人的體驗，顯示我們與親密的人之間的連結。

再者，有愈來愈多的證據顯示，懷舊之情可以帶來正面的情緒，加強自我肯定以及被愛的感覺，同時還可以減輕空虛寂寞等負面情緒。

我們的生活滿意度，也就是我們的幸福，在某種層面上取決於我們是否擁有，或我們是否能寫下正面的人生故事。在我們回憶過往的時候，看到的是各種瑕疵與失敗，還是快樂、幸福的好時光呢？

那麼，我們該用哪些原料來創造未來的懷舊記憶呢？若沒有紀念品，該如何妥善存取不同地點、各種活動的快樂回憶呢？快樂的回憶是由什麼組成的？又是什麼讓回憶得以被記住呢？這就讓我們來深入探討。

Chapter 1

善用「第一次」的力量

尋求新奇的體驗，讓日子過得更不凡。

你人生中最精彩的故事都發生在三十歲前嗎？

你聽過布魯斯・史普林斯汀（Bruce Springsteen）的《光輝的日子》（Glory Days）嗎？沒聽過的話，給我來杯琴湯尼，我唱給你聽。先提醒你，你可能會想摀耳朵。但認真聽歌詞內容就會知道，這首歌在說人們有多喜歡談論過往雲煙。談論那些好日子、光輝的日子。

隨便請一個長輩回憶過去，十之八九他會跟你分享他十五至三十歲之間所發生的事。這叫做「記憶效應」（reminiscence effect），或稱「記憶隆起」（reminiscence bump），兩個術語都不比「光輝的日子」好入歌詞。

記憶研究有時會使用提示詞。當我說「狗」，你的腦海中會浮現出什麼記憶？那如果我說「書」呢？「葡萄柚」呢？最好不要選與人生的特定階段有關的詞彙。舉例來說，「駕照」一詞很可能比「燈」更容易喚起你在特定年齡的記憶。你可以自己試試以下的小測驗。

有些研究會讓受試者看了一系列提示詞，並詢問這些詞彙會使他們聯想

看見下列詞語的時候，會喚起你哪些記憶？

夕陽：

車子：

鞋子：

手錶：

魚：

袋子：

覆盆莓：

雪：

筆記本：

蠟燭：

到哪些記憶事件，以及事件發生時他們的年齡。受試者的回答通常會形成一個特定形狀的曲線——就是記憶隆起。

下圖是丹麥與美國學者對百歲人瑞做的研究結果。圖中記憶效應頗為明顯，可以看出時近效應（recency effect）——也就

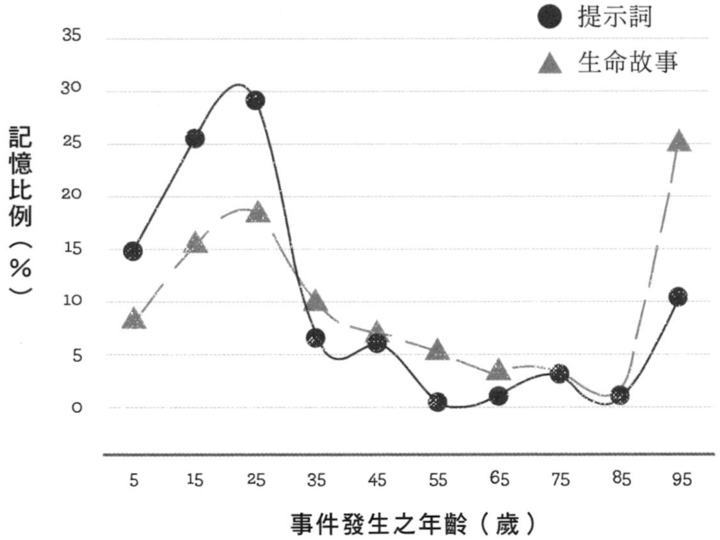

以生命故事和提示詞研究法計算出百歲人瑞每十年的生命故事記憶比例。

資料來源：Pia Fromholt et al.,‘Life-narrative and Word-cued Autobiographical Memories in Centenarians: Comparisons with 80-year-old Control, Depressed and Dementia Groups’, 2003.

是兩個曲線中末端的攀升。舉例來說，當被問到「書」會喚起什麼回憶，比起十年前讀的書，受試者可能比較容易想起最近讀的書。

研究員除了使用提示詞研究法，也請受試者描述他們的生命故事。研究發現，使用生命故事研究法，其記憶隆起的記憶比例更高，時近效應的比例反而減少。

有些自傳中也可以看到記憶效應，也就是青春期和剛成年時期發生的事所佔頁數之多，不成比例。舉個例子，阿嘉莎．克莉絲蒂（Agatha Christie）[4]整部自傳共有五百四十四頁，母親過世的事情出現在第三百四十六頁，克莉絲蒂當時三十三歲。也就是說，在記憶隆起的這段時間中，每年的回憶佔了超過十頁的頁數。相較之下，克莉絲蒂把她在一九四五到一九六五年之間，也就是她五十五至七十五歲間的回憶濃縮在短短的二十三頁

4 編注：英國推理作家（一八九〇至一九七六年），被後人譽為「謀殺天后」，著作多數，最知名的有《東方快車謀殺案》、《尼羅河謀殺案》、《一個都不留》等。

中——一年只有一頁多。

我自己也受到回憶效應的影響。若比較我在二十一歲和三十一歲分別記得的事情，大概會是這樣：

我記得我在二十一歲生日時造訪了河內的胡志明紀念堂。我記得我當時心想，不知比爾·柯林頓、東尼·布萊爾或是丹麥首相波爾·尼魯普·拉斯穆森有一天會不會有也類似的紀念堂。當時是一九九九年。

我記得那年夏天去當園丁的事。我記得修剪草坪的時候，青草的氣味和柴油味混在一起，記得嗆紅辣椒（Red Hot Chili Peppers）才剛發行了《加州淘金夢》（Californication）。

我記得我去了巴黎，還在盧森堡公園讀了海明威的《戰地春夢》（*A Farewell to Arms*），我讀的是棕色和藍色封面的精裝版。

我記得我認識了一個來自塞維亞的女孩子。我記得在奧塞博物館與她共度午後時光。我記得在博物館說話必須靠近彼此，輕聲細語，記得她在我耳邊的氣息。我記得她的名字叫做亞美利加，記得我倆走在蘇利橋上，記得她的唇有西班牙火腿的味道。

我記得我在格拉納達北邊約一百公里處，安達魯西亞山上一個叫拜薩的小鎮住了三個月。我記得我住在天井青年旅館的房間。房間內有一張床、一張椅子、一張書桌。我會去買麵包和曼徹格乳酪，放在袋子裡，晾在窗外，當成冰箱。我記得我身上帶的兩本書是安伯托．艾可（Umberto Eco）的《玫瑰的名字》（*The Name of the Rose*）還有丹麥哲學家索倫．奧貝．齊克果（Søren Kierkegaard）的書，也還記得讀到「人生要展望未來，了解過去」這句話。兩本書、一張精選集和一台隨身聽就是我的娛樂。我常外出，走了好多路。我記得某天晚上回到家發現不小心把自己鎖在門外了，只好從排水管爬上房間的窗戶。不過我算錯了房間，嚇到了一位老太太。

早晨我會去貿易咖啡館，服務生一看到我就會大喊：「Un café con leche!」（咖啡加牛奶！）之後就會坐在咖啡館的角落，在黑灰色的A5筆記本上寫下很鳥的文字。我記得自己寫下了這個問題：「是我們離開地方，還是地方離開我們？」好深奧！我的咖啡要價兩百二十五西班牙比塞塔

（pesetas）。

晚上我會上一間叫儲藏處（Caché）的酒吧來杯四玫瑰威士忌加兩顆冰塊，和名叫范杜拉的女調酒師搞曖昧。她穿著黑色皮夾克，養了一隻叫處羅（Chulo，意為皮條客）的狗。

我記得我曾在丹麥的麵包店上班。我的班是凌晨一點半到早上九點半。我記得做一百四十公斤肉桂捲的內餡要用七十公斤的人造奶油、五公斤的肉桂。

我記得我也曾在法國香檳區的馬魁特葡萄園採收葡萄。早上，雅各·馬魁特會用深沉的嗓音大喊一聲：「Bonjour!」（早安！），把我們這些員工喚醒。我記得有個玻璃罩裡面放有乳酪，我們可以自行取用當早餐。好多好多氣味濃烈的乳酪。我記得開罩時角度要對，否則積在裡面的乳酪臭氣就會如排山倒海般衝出來。我記得我在小村外圍長條型的田裡工作。我記得我的腿好痛。我記得用修枝剪時剪到自己其實還好，但是被園中另一頭工作的傢伙剪到可不得了。因為剪到自己的時候感覺到痛，就會趕緊收手。

我記得那些黑葡萄，還記得要用力擠葡萄，快速分開汁液和葡萄皮，避免葡萄酒染上皮的顏色。你可以拿個杯子在榨汁桶下接鮮榨葡萄汁來喝。一天當中最棒的時刻就是又累、又髒、又餓地離開葡萄園的時候。晚上我們會共進田園晚餐。我記得有個冰箱裡面滿滿的只有香檳。我記得一天結束後在水泥地上薄薄的床墊上沉沉睡去，當時的我好快樂。

我記得我二十一歲時的氣味、聲音、景象、滋味以及各種感官感受。我記得當時的對話、我的思緒、咖啡的價格、狗狗的名字、菜單。我記得二十一歲的我。

至於三十一歲，我記得我一天到晚進辦公室。

事實上，那一年我記得的對話只有與政府間氣候變遷委員會主席拉金德拉·帕卓里博士（Dr Rajendra Pachauri）的簡短交談。那年的氣候高峰會辦在哥本哈根。我當時的公司正在替位於哥本哈根北邊赫爾辛格的克隆堡城堡（Kronborg Castle，又叫哈姆雷特城堡〔Hamlet's Castle〕）籌辦活動。

「你知道洗手間在哪兒嗎？」帕卓里博士問我。

「我帶你去，在中庭。整間城堡只有一間廁所。」
「嗯……」他說。「整間城堡只有一間廁所，真的？」
「是的。」
「哈姆雷特的台詞是不是引用錯了？」
「怎麼說？」
「也許他是說：『To pee, or not to pee, that is the question.』[5]」

沒了。那一年我記得的事差不多就這些了。沒錯，是很幽默，但這真的是「人生跑馬燈」的材料嗎？一定還有比尿尿笑話更有意義的片刻值得被當作回憶珍藏吧。但是，我記得的就只有這件事。

記憶隆起真的很霸道。

你呢？你記得二十一歲的哪些事呢？或是哪一年的哪些事呢？你對每十年的記憶有什麼不一樣呢？

記憶隆起其中一個理論是，青少年時期和剛邁入成人的階段是人生關鍵期，是人格特質的成形階段。自我認同也是在該時期逐漸成形。有研究指出，我們在描述自己是怎樣的人的時候，較常提到幫助我們認識自己的那些經驗，所以在往後的人生中才比較容易想起這些事情。

另一個理論是該階段中有很多「第一次」，比方說第一次接吻、第一間公寓、第一份工作。你應該還記得，在快樂記憶研究中我們發現到，人的記憶中有百分之二十三是全新的體驗或是無與倫比的經歷。

5 原文為：To be, or not to be, that is the question.

快樂記憶
小祕訣

每年去一個你從沒去過的地方

規畫探索未知地——可以是異國旅行，也可以是城市另一頭的公園。

我很喜歡舊地重遊。每年夏天我都會到波羅的海上一個叫做博恩霍爾姆（Bornholm）的小島。我在那裡有個小房子。我知道野生櫻桃長在哪裡，也知道在哪裡可以用魚叉捕到比目魚，這種感覺很好。但我最近也開始發現，去自己從來沒有去過的地方、創造新的回憶很重要，為了要在十年後回憶往事時，讓時間的步調得以變慢。因此，不一定要跑到外蒙古或是布吉納法索的首都瓦加杜古才叫造訪新地點，城市另一頭的公園也可以。

去年我去了默恩（Møn）白崖。一百公尺高的巨大白崖矗立在波羅的海上，是丹麥數一數二的奇景（必須說，在這個平得跟鬆餅一樣的國家中，奇景競爭不怎麼激烈，丹麥最高點的高度僅一百七十一公尺）。這裡是丹麥最適合尋寶、找化石的地方，人們常可以找到有七千多億年歷史的化石，最近一個男孩才發現了海中暴龍「滄龍」（mosasaur）的牙齒。從我在哥本哈根的住處開車到白崖只需要一小時四十分鐘，但我在這之前卻從未去過白崖。我整個下午都在那裡尋找化石，一邊還哼著電影《法櫃奇兵》的主題曲。雖然最後我沒找到半個化石，但是卻帶著寶貴的記憶回家，好好珍藏。

你會想去哪裡呢？每個人心裡都有一直想去卻未曾付諸行動的地方。哪裡你還沒去過呢？可能是遙遠的某處，也可能就在附近。現在就拿出月曆，拿出地圖來計畫一下吧。

初體驗，最新鮮

記憶愈新鮮就愈持久。許多研究顯示，我們比較容易記得新奇、有趣的事，以及我們做了新嘗試的特別日子。

英國學者吉里安．可漢（Gillian Cohen）和多蘿西．福克納（Dorothy Faulkner）的一項研究發現，百分之七十三的鮮明記憶都是第一次的經驗或是特殊場合。不凡、新鮮的體驗需要更精細的認知歷程，於是這些記憶編碼就會比較牢固。這就是第一次的力量。特別的日子就是難忘的日子。

初體驗的重要性也讓人比較容易記住，舉例來說，上大學後第一學年剛開始時發生的事情，會比同一學年較晚發生的事情容易被記住。新罕布夏大學心理學教授大衛．皮利莫（David Pillemer）主持的一項研究請受試者描述他們對大學第一年的記憶。「我們不要特定類型的經歷，」研究員說「只要描述首先浮出腦海的記憶就好。」

研究員訪問了一百八十二名畢業於衛斯理學院的女性，有人畢業兩年，有人畢業十二年，有人畢業二十二年。該研究的第二部分請受試者逐項分析自己先前所描述的每一項回憶。依據經歷的情緒強度、事件對受試者當下，以及往後的人生有什麼影響、以及受試者記憶中的事件大約的發生日期，對這些回憶進行分級。

這項研究顯示，在大學入學當年，受試者多數的記憶發生在學期

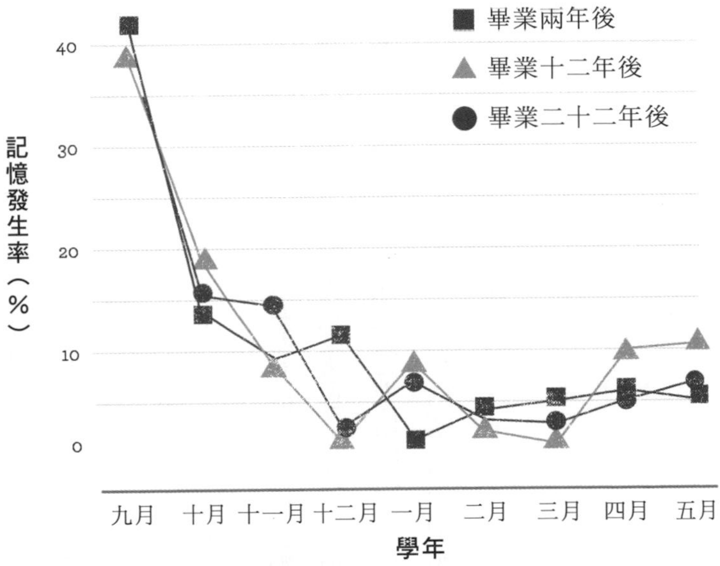

資料來源：David B. Pillemer et al., 'Very Long-Term Memories of the First Year in College', Journal of Experimental Psychology: Learning, Memory and Cognition, 1988.

剛開始：約有百分之四十發生在九月，百分之十六發生在十月。

研究結果使我們了解，過渡經驗以及後面會談到的情感經驗特別容易成為回憶，在腦海中存留多年。這就是第一次的力量。

我們在幸福研究機構做的快樂記憶研究也發現，特殊的日子和新鮮的體驗對快樂記憶有很大的影響。

我們所蒐集到的快樂記憶中，有超過百分之五的記憶明顯是初體驗。第一次約會、初吻、跨出的第一步，或是六十歲時首度隻身前往義大利旅遊，或是第一份工作、第一支舞蹈表演，或是第一次和爸爸上電影院看電影。

這也就是為什麼我記得自己的每一次親吻——包括初吻。她叫克莉絲蒂，當時十六歲的我超怕她爸，因為他是專業橄欖球員。

快樂記憶
小祕訣

追著芒果跑

新鮮、值得記憶的體驗也可以是食物。出去旅遊的時候記得要帶上味覺。

我第一次嘗到芒果是十六歲。那是一九九四年，我在澳洲當交換學生，當時在我出生長大的丹麥，芒果尚未進軍超市。

我記得芒果的甜，芒果的口感。我記得自己心想，我怎麼到現在才認識芒果？從那時起我便開始追著芒果跑，我相信世上一定還有我未嘗過的美食。我之後試了冰島醃鯊魚和摩洛哥路邊攤的蝸牛，但這兩個都讓我有點反胃，到現在我還清楚記得當時作嘔的感覺。

我想說的是，初體驗不一定要是地點，美食也可以。如果你想要讓來家裡用餐的客人有個難忘的夜晚，準備他們沒有吃過的東西也許是個好方法，但是如果你希望還有下次，醃鯊魚最好先不要。

一秒就可以準備好的食物比較不理想，例如在凌晨三點乾掉一口甘草伏特加。沒人會記得這件事，原因很多。最好選擇朝鮮薊這類需要花時間品味的食物，要一瓣瓣剝開，蘸著加鹽奶油，用牙齒慢慢啃著美味的果肉享用。這樣整個經驗的時間就會拉長，還可以豐富感官感受。

這也許可以解釋人生為什麼似乎會隨著年齡的增長不斷加速。人在十幾歲的時候一切都好新鮮，但是到了五十歲就很難有什麼初體驗了。年輕時環境的變動也比較劇烈。拿河內、巴黎、香檳或拜薩和日復一日的辦公室生活比較就知道了。

這也說明為什麼有研究發現美國西語移民的記憶隆起發生在不同的時間

點，關鍵就在於他們移民時的年紀。搬到其他城市是個人的階段性里程碑，然而也有像甘迺迪遇刺或九一一這種普世、集體的里程碑。無論如何，這些初體驗和身處異地的階段性里程碑，都在自傳性記憶的整理上扮演著關鍵角色。這些故事都有前後文。

如果你希望生活的步調可以變慢，希望創造出值得回憶的時刻，活出難忘的人生，那你最好記得要好好運用第一次的力量。可以在日常生活中想想如何把平凡化作不凡，藉此延長時間，可以試著從小事著手。如果你總是吃飯配電視，那麼在餐桌邊和家人共進燭光晚餐邊談心，也許可以讓你的一天變得特別，相反地，如果你習慣吃燭光晚餐，邊追電影邊吃飯可能會是個不錯的改變。

你認為的平凡無奇，可能是我難忘的體驗

幾年前，我在墨西哥的瓜達拉哈拉（Guadalajara）度過了夏天。當時我正在寫書，所以到哪兒都可以工作。印象中這個故事裡好像還有個女孩子。

某天下午我在理髮店外排隊時忽然出現了一隻蜂鳥。牠陪了我一兩分鐘，繞來繞去炫技，想要顯示自己是動物界的直升機。「超酷！這可是我第一次見到蜂鳥。」我心想。

一年後，某次我和父親還有哥哥回想著我十二歲那年的家族美國行，四週、四州、四台車。我們聊到了紐約，聊到了大峽谷，聊到了甘迺迪太空中心，聊到了從德州跨越格蘭河前往墨西哥。

「記得那些蜂鳥嗎？」我爸問。

「什麼？」

「我們在猶他州看到的蜂鳥啊。」

原來我在墨西哥看到的蜂鳥不是我這輩子看到的第一隻蜂鳥。我在好幾

年前就已經看過蜂鳥了。大概是因為我當時只有十二歲吧，對那個年紀的孩子來說蜂鳥沒什麼特別。不就是鳥，鳥有什麼酷？什麼才酷？十億美金一點都不酷，櫻桃可樂和MTV才酷！這才是我十二歲腦袋瓜記得的特別回憶。

或是可以這麼說：「記性差的好處是你可以對同一件事有很多次美好的初體驗。」感覺很像尼采會說的話。

對你來說平凡無奇又容易忘記的事情，對我來說卻可能是特別又難忘的體驗。每個人對同一件事的記憶點可能會有所不同。你可以做個小測試，找個朋友或是家人出去散步，事後比較一下你們在路上注意到的東西。如果你有小孩，可以提醒他們你們一起經歷過的特別事件，因為事件發生的當下，他們可能還沒能意識到這些事多有意思。

我們會記得特別的東西、突出的東西。這就叫做孤立效應（isolation effect），又稱雷斯托夫效應（von Restorff effect）。德國精神科醫師黑德維格・馮・雷斯托夫（Hedwig von Restorff）在一九九三年發現，給受試者看一張字表，表上特別突出的字比較容易被記住。

鯨魚、馬、貓咪、老鷹、牛、火雞、起司蛋糕、大象

舉例來說，在上列詞彙中，你會記得「起司蛋糕」。而在晚餐聚會聊天時運用雷斯托夫效應，也可以讓自己聽起來比較聰明。

快樂記憶小祕訣

演講時帶顆鳳梨上台

想讓人記住你，就要給對方可以記憶的點。

大約十年前，我因一次跳舞意外地刮傷了眼角膜，得戴上一週的眼罩。那不是人生中最棒的一週之一。當時我在一間叫做「週一早晨」（Monday Morning）的永續發展智庫上班。我的眼罩不僅讓所有人逮到機會大開海盜玩笑，也讓我得以掌控每一場會議（沒有人會反對戴眼罩的人！），同時也增加了別人對我的記憶點。週一早晨的麥克？你是說那個……對，戴眼罩的那傢伙。

也許我們都想被記得，都希望自己離開後有人可以想起我們。在荷馬史詩《伊利亞德》（*The Iliad*）中，阿基里德要在和平長壽的生命和可以帶來永世榮耀的短暫生命中做抉擇。

若留下挺身替特洛伊城作戰便無法返鄉，卻能得到長存的榮耀；若返鄉回到先祖摯愛的土地，便會失去榮耀光輝，卻有好長的人生在等待著，死亡之日還很遙遠。

不錯，阿基里斯的故事到現在還有人閱讀、討論，但要被記住也許有更輕鬆的方式，不必非得要在特洛伊城門口電爆敵人。

所以說，如果你想令人留下深刻印象，就要標新立異、特立獨行。打個比方，我在會議中做簡報時通常很引人注意，所以大家都知道「那個研究幸福的傢伙」，但如果今天我只是二十個幸福研究員的其中一人怎麼辦呢？正解：帶顆鳳梨上台。

會議結束後，聽眾會記得有個鳳梨男。當然你必須向聽眾解釋為什麼帶鳳梨上台，不然只會被當成怪人，可能會比你想的怪更怪。「有趣的怪」跟「拜託以後別再出現的怪」兩者之間是有區別的。帶鳳梨到首相辦公室開會是第二種怪。

對了，恭喜你，以後你吃鳳梨時都會想到這個故事了，你回不去了！

Chapter 2

豐富五感饗宴

記憶不是只有視覺，也可以有聲音、氣味、觸感和味道。

用味覺喚醒記憶

「她叫『Modesta』，但名不符實。」蘿拉說。蘿拉是我的西文編輯，我們在馬德里大廣場後方的聖米蓋爾市場享用著有魚、有花枝的午餐。

Modesta在西班牙語是「謙遜」的意思；莫德斯塔（Modesta）是蘿拉的祖母，她完全像是從伊莎貝．阿言德（Isabel Allende）[6]的小說，或是佩卓．阿莫多瓦（Pedro Almodóvar）[7]的電影走出來的角色。每每想到她，我就會想像她堅忍自信的儀態，她的眼神彷彿可以使行駛中的馬車急停下來。

「讀大學妳會嫁不出去，」莫德斯塔的父親過去這樣警告她。在一九二〇年代的西班牙，上大學是男人的專利。即便莫德斯塔的父親是位名醫，卻堅信莫德斯塔的姊姊之所以過世，就是因教育會對女性大腦產生不良影響。

但是莫德斯塔堅持上大學。因此，她的阿姨會陪著她去學校，坐在教室後面編織，盯著莫德斯塔和班上的男生。阿莫多瓦導演，這場景不錯吧？

下課後，莫德斯塔會和阿姨到太陽廣場上那間創立於一八九四年的馬洛奎那（La Mallorquina）糕餅店，享用名叫「星星酥」（estrellas de hojaldre）的小糕點。

莫德斯塔以三個學位畢業——兩個教育相關學位，一個藥學學位。對了，後來她結婚了，還挺過了西班牙內戰，享年九十七歲。莫迪斯塔在晚年常要蘿拉到馬洛奎那糕餅店帶星星酥給她。

馬洛奎那糕餅店時至今日還在。知道莫德斯塔的故事後過了幾個月，我去了馬德里，並且來到太陽廣場想找這間店。馬洛奎那就位在大廣場路的轉角處，對面是肯德基和麥當勞。很可惜，星星酥幾年前就停產了。「星星酥的味道很普通，」師傅告訴我。「我們現在有更好吃的糕點。」

6 編注：知名拉丁美洲女作家，以魔幻現實主義小說《精靈之屋》（*La casa de los espiritus*）轟動國際文壇。其寫作風格承襲拉丁美洲魔幻寫實傳統，也富含女性意識。

7 編注：西班牙電影導演、編劇和製作人。一九八八年，以《瀕臨崩潰邊緣的女人》（*Mujeres al norde de un ataque de nervios*）贏得威尼斯影展最佳劇本獎以及歐洲影展最佳青年電影獎，該片展現出濃厚的女性主義風格。一九九九年以《我的母親》（*Todo sobre mi madre*）獲得奧斯卡最佳外語片、金球獎最佳外語片、以及坎城影展最佳導演獎等榮耀。

但那不是重點，至少對我來說不是。我對莫德斯塔在將近一世紀前嘗到的滋味感到好奇，我想體驗她記憶中的味道。我想，對莫德斯塔來說，星星酥的實際滋味也不是重點。有時味道本身其實並非關鍵，味道喚起的記憶才是吸引人之處。也許莫德斯塔嘗到的是她的青春；也可能她嘗到的是阿姨的一針一線，和教授嘴裡的化學原理交織在一起；也可能是自由的滋味。

不是只有莫德斯塔用味覺來喚醒記憶。幸福研究機構的快樂記憶研究中，研究對象很常提到食物的味道或氣味。事實上我們蒐集到的記憶中有百分之六十二都是感官體驗。

快樂記憶
小祕訣

回憶巷弄走一遭

走訪可以喚起過去美好時光的場所。

我們知道身處某事件發生的確切地點，能幫助我們更清楚記得該事件。我們用會視覺來幫助回憶。明白了這個道理，到回憶巷弄實地走一遭變成了合理的事，而且還很有趣。

去年夏天我在替本書做研究的時候和女友一起去看我爸。我爸叫沃爾夫（Wolf），我請他規畫一場「沃爾夫之旅」，也就是丹麥第二大城奧胡斯

（Aarhus）巡禮。我爸在六〇年代時住在那裡，並從事廣告業，幾年前才又搬回了奧胡斯。

「我想看你住的地方，你工作的地方，還有你喝醉的地方。」我說。那天下午我們去了他以前上班的地點。早上我們走了他以前走去上班的路。我們看到了波底加劇院餐廳，我爸以前會和同事在那裡吃晚飯、來杯啤酒；看到了從前會有車夫等在家門外、擦亮車身的那幾條街；看到了我媽以前工作的藥房，也就是我父母認識彼此的地方。我記得媽媽說過她很討厭醫生，很討厭用「Her Apotekeren」（藥劑師先生）來稱呼她老闆。

這些故事我以前幾乎都聽過了，但是親眼看見事發地點，讓這些故事更鮮活了。現在，我父親的故事和回憶，已經成了美好夏日午後在奧胡斯散步的共同回憶的一部分。所以，到回憶的巷弄走一遭吧。你自己的巷弄也好，愛人的巷弄也可以。

善用感官體驗

「跟媽媽一起走在我成長小鎮的大街上，一邊吃著檸檬口味的義大利冰淇淋。」

「小時候，媽媽會在爐上烤著墨西哥波布拉諾辣椒。我很喜歡辣椒皮在爐火中爆開時散發出的香氣。」

「高三時和最好的朋友還有越野夥伴一起吃巧克力棉花糖夾心餅乾（smore，用全麥餅乾夾住融化的棉花糖和巧克力），那是我吃過最好吃的巧克力棉花糖夾心餅。當時是秋天，我們坐在營火前。新英格蘭的鄉間真是太美了。那一刻我心想，我從來沒有這麼快樂過，我現在也真心覺得那是我此生最快樂的時刻。」

每個人都知道味覺可以喚起記憶。嘗到義大利檸檬酒便馬上回到了那年在義大利度過的夏天，皮膚彷彿可以感覺到當時溫暖的晚風。過往的快樂暫時被喚醒了。我們都有過這種經驗，讓味覺、聽覺、嗅覺、視覺或觸覺把我們帶回過去，那種感覺提醒了我們，我們都被愛過，我們都曾快樂過。

五感和記憶間的關聯常見於文學作品中。加布列．賈西亞．馬奎斯的《愛在瘟疫蔓延時》（*Love in the Age of Cholera*）開門見山就提到苦杏總讓胡維納爾．烏爾比諾醫師陷入單戀的回憶。我們的五感可以喚醒、提取記憶。我們有時稱這種經驗為「普魯斯特現象」（Proust phenomenon）或「瑪德蓮時刻」（madeleine moment）。《追憶似水年華》（*In Search of Lost Time*）可說是馬塞爾．普魯斯特最重要的著作。這本書共有七卷，總計三千頁。第一卷中，書中角色馬賽爾蘸著茶嘗了一塊瑪德蓮，兒時記憶便如排山倒海般湧現：

她送上一顆叫做「小瑪德蓮」的圓胖小蛋糕，看起來像是用扇貝管模烤出來的。度過了令人煩悶的今日，面對著似乎黯淡無光的明日，無精打采的我馬上反射性地舀起一匙剛才被我浸了一小塊瑪德蓮的茶，湊上唇邊。我的味蕾馬上感受到了混著蛋糕屑的溫熱茶水，一股難以言喻的感受滲透了我的感官，這般強大的喜悅，從何而來？

已有許多學者指出，普魯斯特筆下的原版瑪德蓮時刻其實並非我們現在所說的瑪德蓮時刻。瑪德蓮時刻是味覺立即引發的鮮明記憶，但是馬塞爾卻要很努力才能憶起過去，還試了好幾次。

我知道首先描述味覺和記憶間的關聯的是普魯斯特，但我個人認為小熊維尼的形容最到位。維尼和小豬在討論他們早上第一件想到的事。維尼第一個想到的是「早餐吃什麼？」，但是小豬想到的是「今天會有什麼新鮮事？」。維尼說這兩者是一樣的。他知道我們的經歷、我們的記憶是由味覺構成。你看，不用三千頁就可以解釋清楚！

不管你比較喜歡普魯斯特還是小熊維尼的論點，在這些故事中我們學到要善用感官體驗。記得在快樂的時候多留心你的所見、所嗅、所聞、所感。

幸福研究機構的快樂記憶研究中有個很好的例子，這是一名五十幾歲的美國受試者的故事：

我們在海邊一間屋子裡待了六天。早晨天尚未明，我便起床聆聽海濤嘶吼，看著溫暖的太陽升起。過一會兒我便和此生最愛的女人漫步沙灘、一同賞鳥。散步完我們會一起喝咖啡，此時我會拿起手機把賞鳥觀察到的資訊上傳到國際鳥類資料庫。欣賞大自然、聆聽大自然、沙灘的觸感以及對鳥類科學的貢獻，使得這趟和人生伴侶的旅程變得非常特別。我之所以有記憶是因為這是最近的事，也因為這個經驗充滿著我生命中的最愛——大自然、賞鳥，以及與伴侶一起從事共同的興趣。還有，獨自一人在日出前凝視著黑暗、聽著大海的聲音，使我的內心獲得平靜，漫步沙灘也是。

仔細品味這個故事，體會故事中的一切。這名男子注意到了各種不同的感官刺激：大海的嘶吼、鳥兒在空中飛的景象，以及日出的溫暖。我也發現他是真的很喜歡賞鳥。

快樂記憶
小祕訣

創造能觸發回憶的體驗

相關事物可以幫助我們留下記憶，所以，記得在你的經歷中置入日後可以把你帶回此時此刻的元素。

就算沒讀過普魯斯特書中人物描述，浸過茶的瑪德蓮如何引起他進入一連串的感悟，也還是可以運用普魯斯特時刻的力量。

運用愈多種感官——視覺、嗅覺、聽覺、味覺和觸覺，記憶就會愈鮮明。能將愈多提示組織在一起，就愈有可能抓住這個記憶，待日後提取。

觸發性記憶通常由事物的連結喚起。記憶中某個細節不斷重複出現，記憶便會被喚醒。只與某個特定記憶有關的連結是最好的觸媒。

我聞到咖啡味時便會沉醉在咖啡的香氣中，不過我太常聞到咖啡了，所以聞到的時候不太可能觸發某一個特定的記憶。但是在我聞到乾燥海帶的時候，我就會想起某個美好的七月天。那時我捕魚捕了好一會兒，總共用魚叉抓到了三隻比目魚，我正坐在一塊溫暖的岩石上，凝視著大海。我大口呼吸著空氣，感覺很放鬆、很寧靜、很快樂。我想要把那一刻永久保存下來，於是我抓了一把乾海帶，對著海帶用力大吸了一口氣，讓這整個體驗變得更加特別。

所以下次你特別開心、希望可以留下這個快樂時刻的時候，記得留心五感接收到的訊息。當下是否有什麼特殊的氣味、聲音、觸感或味道？就把這些元素融入到你的長期記憶裡吧！

把生活記憶化為香氣

我每次走訪倫敦幾乎都下榻在同一間旅館。

這間旅館有兩點讓我每次造訪都還是會感到震驚。其一，不管我住在哪一間房，床頭都一定會掛著一幅達文西的《抱銀貂的女子》。銀貂是類似雪貂的動物，畫中這隻銀貂有紅眼、利爪，看上去特別兇猛，我實在無法想像飯店創立後的某一天，在某次開會時某人說：「你們知道有一幅可怕銀貂的畫嗎？我覺得每個房間都可以掛上一幅。」

第二個令我震驚的是飯店的氣味。有些飯店會使用特製的香氛作為品牌形象的一部分。有間瑞士連鎖飯店希望房客可以聞到瑞士的氣味，於是訂製了專屬香氛。他們的經典香味混著一絲銅臭味的高山空氣味。

Air Aroma 和 ScentAir 這類的公司專與旅館、商店合作打造場所特有的香氣。位在倫敦萊斯特廣場的M&M巧克力世界也是 ScentAir 的客戶。「他們的產品是預先包裝好的，」英國 ScentAir 的總經理克里斯・普瑞特於

《獨立報》（*Independent*）的訪問中表示。「所以那地方照理說應該要有巧克力味，但並沒有。」現在卻有了。這下子你大概知道是怎麼回事了。

但氣味為什麼如此重要呢？到頭來就是為了要打造一個獨特的多重感官體驗，讓賓客或客戶能留下印象。「我們想創造持久的記憶。」Air Aroma的卡利．佛勒解釋。「氣味可以直接影響一間旅館給人的印象，以及留下的記憶。客人從抵達飯店的那一刻起，就希望可以有一個獨特的體驗。」

然而，氣味在與體驗發生關係之前其實是沒有任何意義的。一種氣味伴隨著某種體驗出現時，才會代表這個體驗。我們不喜歡垃圾味是因為我們知道那是垃圾味。也許可以改寫莎士比亞《哈姆雷特》的話來解釋：「好壞並不存在，是人的想法造就了好與壞。」等等，那是什麼腐爛的味道？到底是哪個傢伙在吃瑞典鹽醃鯡魚（surströmming，味道重到只能在戶外吃的發酵鯡魚）？我猜一定是克勞帝亞叔叔。這傢伙很可疑。

當嗅覺連結情感，記憶就能永保新鮮

如果說《怦然心動的人生整理魔法》的作者近藤麻理惠是個超級英雄，那她的死對頭應該會是安迪．沃荷。對了，我覺得麻理惠的超能力應該會是替落單的襪子找回另一半。

沃荷以湯罐頭、瑪麗蓮．夢露，還有他說的「每個人都有十五分鐘成名的機會」（15 minutes of fame）聞名，不過他囤物的習慣則較罕為人知。沃荷在六十幾歲起一直到一九八七年過世這段期間，做了超過六百個「時空膠囊」，膠囊裡共有十幾萬件物品：從高級餐廳摸回來的煙灰缸、聖誕禮物包裝紙、未拆封的信件、藝廊邀請函、一張貓王的照片、名片、垃圾信件、粉絲信件、黑膠唱片、剪下的腳指甲、螞蟻屍體、一坨水泥，還有比佛利威爾希爾飯店的「請勿打擾」門牌。

我想如果我也蒐集一些腳指甲，放在公寓的幾個抽屜裡應該也可以稱得上是時空膠囊吧！但是大家卻願意花十美金，到美國匹茲堡的安迪沃荷博物館見證沃荷時空膠囊展覽的開幕。總而言之，我覺得沃荷的收藏中最有趣的就是他的氣味博物館（Museum of Scent），又稱永恆氣味典藏。

沃荷熱愛香水。他在回憶錄《安迪．沃荷的普普人生》（*The Philosophy of Andy Warhol: From A to B and Back Again*，原文出版於一九七五年）中，描述自己如何藉著換用香水來保存與各種氣味有關的回憶。

一罐香水若已經用了三個月，我就會逼自己換掉，哪怕我還是很想繼續使用。如此一來，每當我再聞到這個味道，就會想起那三個月發生的事。我從來不會回頭繼續使用同款香水，而這個獨特氣味就成了我永恆氣味典藏的一部分。

沃荷相信，比起視覺、聽覺、觸覺與味覺，嗅覺把我們帶回某個特定記憶的能力最為強大。沃荷把氣味保存在瓶中，感覺自己可以藉此控制回憶，可以依據當下的心情決定現在要喚起哪些回憶。「用這種方式回憶往事很酷。」他說。有種說法是，氣味之所以重要，是因嗅覺連結到人類大腦的邊緣系統，邊緣系統又與記憶和情感有關。

陪著沃荷一起下葬的是一罐名為「美麗」（Beautiful）的雅詩蘭黛香水。這罐香水有「千花香」之譽。前味有玫瑰、百合和橙花，後味是溫潤的龍涎香和檀香，於一九八五年推出。我很好奇那年是發生了什麼事讓沃荷想要它跟著一起下葬。

和最愛的香水一起入土對一些人來說有點太過奢侈。等我要走的那一天，從簡就好。有標準風笛、鳴槍禮、五架戰機飛行致敬就可以了。另外，我的單人房內要有迷你吧檯，供應琴湯尼以及歐本威士忌，還要一幅《抱銀貂的女子》複製品。

快樂記憶
小祕訣

每個快樂記憶都該有專屬配樂

當你聽到酷力歐的《黑幫天堂》（Gangsta's Paradise）、安立奎的《跳舞吧！》（Bailamos）或蒂朵的《為愛投降》（White Flag）時會想到什麼？這幾首歌分別發行於一九九五年、一九九九年、二〇〇四年。

一九九五年我在電影院工作，那時蜜雪兒．菲佛主演的《危險遊戲》（*Dangerous Minds*）正上映中；一九九九年我人在西班牙，每間酒吧都狂播著《跳舞吧！》；二〇〇四年，我在哥本哈根騎腳踏車時一定要聽蒂朵。

所以當這幾首歌響起，我腦海裡就會浮現這些場景——當時的爆米花香，威士忌的味道，還有沿途眼底的哥市風光一一重現。

音樂和氣味一樣可以帶你回到過去。一個音符就可以把你拉回某個時間、某個地點、某種心情。你就在那裡，彷彿從未離開。有人說每首喜歡的歌背後都有一段不為人知的故事，就是這個道理。

音樂的時空之旅也可能會決定我們的音樂品味。

二〇一八年，經濟學家與《紐約時報》作者賽斯·史蒂芬斯－大衛德維茲（Seth Stephens-Davidowitz）研究了Spotify的數據。他調查了一九六〇至二〇〇〇年間登上排行榜首位的每一首歌，以及不同族群收聽這些歌的頻率。

不意外，年齡是音樂品味的關鍵決定因素。很少有八十幾歲的男性歌單裡會有泰勒絲的《通通甩掉》（Shake It Off）（只有四十幾歲的警察有。如果你不知道我在說什麼，現在快上谷歌查）。這項研究得到的結論是，成年男性與成年女性會繼續收聽他們剛進入青春期時感興趣的音樂。

舉例來說，電台司令的《怪胎》（Creep）在一九七七年出生的男性間頗受歡迎。這首歌在該年齡族群的播放頻率排行中，排名第一百六十四——但是在一九六七年或一九八七年出生的族群中卻無法擠進前三百。《怪胎》發行時，喜歡這首歌的男性大約十五歲——這好像是個常態。史蒂芬斯－大衛德維茲發現，男性間最受歡迎的歌首發時間都落在十五至十六歲之間；女性的魔力音樂年齡則介於十一至十五歲之間。也就是說，你青少年時期喜歡的音樂會讓你喜歡一輩子。

知道了這點，你就知道該怎麼辦趴，知道怎麼讓人開始聊起青春往事，或是你也可以想辦法讓你最快樂的記憶擁有專屬配樂。

歌曲	演唱者	發行年份	收聽頻率高峰（調查者的年紀）	歌曲發行時的歲數
《愛就是這樣》（That's the Way Love Goes）	珍娜・傑克森（Janet Jackson）	一九九三	三十五歲 女性	十一歲
《出竅情人》（Just Like Heaven）	怪人樂團（The Cure）	一九八七	四十一歲 女性	十一歲
《Oh, Pretty Woman》	羅伊・奧比森（Roy Orbison）	一九六四	六十九歲 女性	十七歲
《Truly Madly Deeply》	野人花園（Savage Garden）	一九九七	三十八歲 男性	十八歲
《瘋狂的愛》（Crazy Love）	范・莫里森（Van Morrison）	一九七〇	六十三歲 男性	十六歲
《I Can't Stop Loving You》	雷・查爾斯（Ray Charles）	一九六二	七十二歲 男性	十七歲

資料來源：'The Songs that Bind' *THE New York Times*, 2018. Analysis of Spotify data by Seth Stephens-Davidowitz.

假記憶造就的飲食習慣

我們已經知道感官可以幫助我們留下並喚起鮮明的記憶。一個味道就可以觸發某個記憶。但是記憶也有可能影響我們想要找尋的味道，假記憶也一樣。

伊莉莎白．羅芙托斯（Elizabeth Loftus）是加州大學爾灣分校的教授，她做了很多有意思的假記憶相關研究，也探究假記憶如何影響人類的行為。

二〇〇八年一項名為〈蘆筍愛情故事——健康飲食的選擇可能與假記憶有關〉的研究招募了兩百三十一名受試者，受試者以為這項研究是要找出個性與食物偏好之間的關係，填寫了一堆相關問卷。其中一份問卷評估受試者對三十二道餐點的食慾，其中一道是炒蘆筍。餐點以一般餐廳菜單的形式呈現，也包含開胃菜、湯品等。

另一份問卷是食品價格調查，以及受試者購買二十一種不同食材的意願，品項包括超市可買到的米、墨西哥玉米片、小胡瓜及蘆筍等。

問卷調查進行了很多次，而在研究期間，羅芙托斯與同事在一些受試者中植入他們小時候愛吃蘆筍的假記憶。其他沒有被假記憶影響的受試者就成了對照組。

與對照組相比之下，以為自己小時候喜歡蘆筍的實驗組數據，顯示了這些新記憶（假記憶）所造成的影響，其中包含：普遍較喜歡蘆筍、在餐廳比較有可能點蘆筍、以及在超市比較願意多花一點錢購買蘆筍。

這項研究讓我想起了一段回憶。我小時候會和我媽，還有我朋友扮成海盜，拿芹菜當刺劍。我不喜歡芹菜，但現在偶爾會買，以防哪天海盜再度出現。

快樂記憶
小祕訣

創造一道回憶佳餚

如果你喜歡做菜，不妨把某種味道，甚至某幾道菜和快樂回憶做連結。

今年夏天，我和女友在博恩霍爾姆島上度過了美好的一天，創造了一道「回憶佳餚」，因為我想永遠記得這一天。

我們悠閒地邊玩填字遊戲邊吃早餐。下午我們去游泳，一下在冰涼的波羅的海水中，一會兒在被太陽曬得溫暖的岩石上。稍晚，琴湯尼也加入了戰局，可能是因為這樣我才不記得晚餐吃了什麼。不過我記得甜點是從附近森林直接摘來的櫻桃。

我們在海邊欣賞夕陽的光輝，結束後走回我的小屋時，竟發現古茲耶姆（Gudhjem，意思是神的家）出現了一道新的光，懸在地平線上。

古茲耶姆是博恩霍爾姆東岸一個迷人的小鎮。丹麥的傳統開放式三明治（smørrebrød）也以該鎮命名，就叫做「Sol over Gudhjem」，意思是籠罩古茲耶姆的陽光，也就是籠罩神家的陽光。用丹麥語說這個詞的時候要小心別被母音噎著了。

不過，我們看見地平線上那道新的光是月亮升起所發出的光芒。我們便順理成章把新料理命名為「籠罩神家的月光」。這道料理是在吐司上放煙燻蝦（博恩霍爾姆的特產），上面再放顆水波蛋。在深色的蝦肉上切開水波蛋時便看見月光升起，然後就會想起那個完美夏日。

圖像化比文字記憶更強大

想像你受邀到我家吃晚飯（對了，菜色有朝鮮薊和花枝），見了我的幾個朋友。

「這位是米克。他是醫生，喜歡飛行。」

「米克你好，很高興認識你。」

「這位是耶斯。他有個服飾品牌，是我認識的人裡面最會滑雪的。」

「耶斯，你好。」

「這是莉絲。她是記者，每個禮拜都會踢好幾次足球。」

「妳好。」

「這是延斯。他是名律師，住北京。」

「北京耶。你好，延斯。」

「這位是易比。他在資訊科技業工作，每週打兩次網球。」

「你好，很開心認識你。」

「這是伊達。她從事公關工作，平常養蜂。」

「哇，養蜂！」

「最後，這位是尼可拉。他的工作是數錢，他在法伊島（Fejø）上有座果園。」

現在你還記得我介紹給你認識的第一位女性的名字嗎？大概不記得了。搞不好你連想起其中一個名字都要絞盡腦汁，但是要想起他們的工作或興趣卻容易得多。

這現象叫做「貝克麵包師詭論」（Baker–baker paradox）。如果介紹一個貝克（Baker）先生給你認識，也介紹一個麵包師傅（baker）給你認識，你記得麵包師傅職業的可能性會比記得貝克先生的名字機率高。這是因為如果某人是個麵包師傅，你腦海中就會出現這個人戴著高高的白帽子在倒麵粉、揉麵的畫面。

我們對「麵包師傅」早已建立了很多連結，甚至還有多重感官的體驗。

我們都聞過麵包店的味道，也嘗過剛出爐的麵包。我們可以把麵包師傅的職業圖像化。而貝克這個英文名字就只是一堆字母。名字事實上就只是隨便幾個音節拼湊在一起，是個無意義的大雜燴。

這麼說，也許要記得米克是名醫生和尼可拉有座果園，會比要記得易比在資訊科技業上班，以及伊達是公關容易。想像米克動手術的樣子或尼可拉果園裡的蘋果樹的畫面，要想像比伊達「做公關」時的畫面容易得多。

羅馬政治家、哲學家和演說家西塞羅曾寫道：「人類最敏銳的感官就是視覺，所以當耳朵或其他感知器官接收到的訊息要傳遞到大腦時，若有視覺輔助，就更容易被記住。」

二〇一六年的夏天我到吉隆坡做一個演講時，丹麥大使和他的太太約我共進晚餐。那時我已經開始研究記憶，我們的對話便繞著這個主題打轉。我們聊到記名字究竟有多困難，以及圖像化如何幫助記憶。

丹麥大使姓「扈」（Ruge），這個字在丹麥語中是「孵化」的意思。另外，我有兩個朋友的名字分別和大使和他太太一樣——尼可拉（Nikolaj）和阿斯特（Astrid）。所以要產生圖像對我來說頗為容易：我朋友尼可拉和阿斯特蹲在幾顆蛋上。因為這個畫面，我一直到今天還記得大使和他太太的名字，但是比較近期聽到的一些名字我卻早就忘記了。這只是圖像化運作方式，以及視覺記憶比文字記憶強大的其中一個小例子。加拿大主教大學心理學教授利昂內爾・史坦丁（Lionel Standing）就探討過這個主題。

史坦丁在一九七三年做了一系列探究人類記憶的實驗。研究員會請受試者注意看一系列圖片或文字，並試著記下這些圖片、文字，之後會進行記憶測驗。每張圖片或文字只會出現一次，一次只有五秒鐘。

這些字是從韋氏字典中隨機選出的，如「salad」（沙拉）、「cotton」（棉花）、「reduce」（縮減）、「camouflage」（偽裝）、「ton」（噸）等，印在三十五公釐的幻燈片上。

圖片則是由一千張快照中選出的，多為假期照片——海灘、棕櫚樹、日落等，由加拿大安大略麥克馬斯特大學的學生與教職員提供，當時史坦丁於該校任教。其中也有些比較醒目的照片，例如撞爛的飛機或是抓著煙斗的狗。不過別忘了：當時是七〇年代，每隻狗都抽煙斗的年代。

兩天後，研究人員會請受試者一次看一組圖片或兩個單字，其中一個圖片或單字是從他們看過的幻燈片中抽出，另一個圖片或單字則是新的。研究人員接著請受試者回答，對哪一張圖片或單字比較有印象。

實驗結果顯示我們的圖像記憶能力比文字記憶能力強。學習材料是上述字典中選出的一千字時，我們可以記住百分之六十二的單字，但當學習材料是一千張照片時，我們可以記住百分之七十七的圖片。然而，學習材料的量愈大，能記住的比例就愈低。所以，如果圖片學習材料增加至一萬張，能記住的比例就會掉到百分之六十六。無論如何，我們的圖片記憶能力比文字記憶能力強。這可能是我們記臉比記名字快的原因。所以下次有人介紹潘尼洛普給你認識，你就可以想像潘尼洛普．克魯茲站在她旁邊，以便記住她的名字。

此外，如果不用一般的隨手照，而是使用更鮮明的圖片，一千張學習材料的記憶率便會躍升至百分之八十八。愈不合理的圖像（例如我朋友在孵蛋）愈容易被記住。沒錯，愈好笑、愈調皮、愈多禁忌愈好記。下次你想像潘尼洛普．克魯茲站在新朋友潘尼洛普旁邊的時候，別忘了這點。

快樂記憶
小祕訣

日記也要記下感官享受

如果你有寫日記的習慣，記得寫下所有感官帶給你的感受。我在我的記憶銀行辦理儲蓄時，存進去的一定是好的記憶，這樣未來才能提領幸福。所有感官體驗都可以把我們帶回過去——回到讓我們快樂的時空，這樣也可以觸發我們的記憶。所以如果你有寫日記的習慣，記得也要寫下你所有的感官感受。

去年我有幸可以和我朋友約翰和米莉共度幾天的歡樂時光。約翰是世界幸福報告的編輯，但如果有世界善良報告的話，約翰和米莉一定會奪冠。我沒見過像他們這麼好的人。以下是我的日記，讀的時候，記得有句據說來自孔子的諺語說：「好記性不如爛筆頭」。

二〇一八年六月，加拿大宏比島（Hornby Island）

每天晚上都會有鹿群來訪。牠們有時會靠房子好近，吃掉米莉在門廊種的花。晴天退潮之時，海豹會在暗礁上暖身，我們在家中就可以聽到牠們的聲音。

宏比島位在加拿大卑詩省西岸，從溫哥華出發要搭三班渡輪，耗時六小時。約翰家族四代都來過這裡。約翰的爸爸買下了這塊地，這次來訪的是約翰和米莉的孩子和孫子。約翰的爸爸捐了一大塊地給省政府建公園，也就是現在的黑利威爾公園（Helliwell Park），捐地的原因是——「美成這樣怎能不和大家分享」。

太陽出來的時候還挺溫暖，可以在門廊上寫作。北邊，水的另一頭是覆蓋著白雪的山峰，起風時，我能感覺到臉上的涼風。

我正在寫新書。這裡沒有無線網路，唯一讓我分心的事物只有米莉做草莓果醬或大黃塔飄來的香味。約翰也在寫作，他用兩指神功在鍵盤上用力敲著。噠、噠、噠。

今天我們到林中散步，樹林的氣味很濃烈，我聞起來像是花旗松（Douglas fir）。我們尋覓著鵰的巢穴，米莉則照顧著她的花園，我好久沒見到這麼大的花園了。米莉種了番茄、朝鮮薊、甜椒、覆盆莓、蘋果、梨子等，全都圈在園子裡，以防鹿群來襲。

晚上，我們喝著白酒、吃著螃蟹和蘆筍，聊著巴黎、政治、馬鈴薯沙拉以及一切。

Chapter 3

用心體會

把快樂記憶想成一場約會，約會要用心！

有意識地注意「細節」

在《血字的研究》（*A Study in Scarlet*）中，福爾摩斯告訴華生醫生，他認為人類的大腦就像是個空無一物的閣樓。

他可以自己選擇要在裡面放什麼傢俱，但是空間有限。所以，如果一個記憶或知識進來了，另一個記憶或知識就得出去。福爾摩斯為了騰出足夠的記憶空間來存放他認為重要的資訊，例如不同武器造成的傷口外觀有什麼不一樣，以及各種毒藥的作用方式，就必須要捨棄地球繞著太陽轉這類不重要的訊息。

「你看見了，但沒有觀察。」在《波希米亞醜聞》（*A Scandal in Bohemia*）中，福爾摩斯這樣教導華生。

「這兩者之間有很明顯的不同。打個比方，你每天都看見從大廳通往這間房的樓梯。」

「是每天看沒錯。」

「看過幾次？」

「嗯，大概幾百次。」

「那樓梯有多少階？」

「多少階？我不知道。」

「是吧。你看見了，但沒有觀察。我要說的就是這個。我知道梯子有十七階，因為我在看的同時也在觀察。」

福爾摩斯點出了「看見」與「觀察」兩者在記憶上的關鍵差異。觀察要用心。我們看了很多東西，但是沒有留下印象，事後也想不起來。但若我們能觀察便能留下印象，事後就可以回想起來。然而福爾摩斯的空間有限論是錯的。我們的記憶並非小閣樓，而是一個大倉庫。

回頭來談數數，現在我要你上一下網。上谷歌查詢「選擇性注意力測驗」（Selective Attention Test），看一下找到的影片。該影片會要你計算穿白衣的傳球人傳了幾次球。先去看，片長大約一分鐘，看完再回來。

歡迎回來。好的，我想現在的問題是：你剛剛有看到大猩猩嗎？沒有做測驗的人，我來解釋一下。就像我剛說的，該測驗會要你計算影片中穿白衣的人傳了幾次球。影片中共有三個白衣人、三個黑衣人，傳著兩顆球。黑衣人彼此傳著第一顆球，白衣人彼此傳著第二顆球。這些人會繞來繞去，在六人的空隙間穿梭，一邊傳球。你數著白組傳球的次數，但是大約十秒後，一個穿著整套大猩猩戲服的人（後面就簡稱他為大猩猩吧）從螢幕右方走了進來。傳球人毫無異樣地繼續傳著球。大猩猩慢慢穿過這群傳著球的人，在螢幕中央停了下來，捶了捶胸，然後離開。

我第一次看這支影片的時候就知道這個實驗的目的了，所以當我讀到有一半的人完全沒看到大猩猩的時候，真的不敢相信。

就連在告訴受試者片中有大猩猩後，受試者還是堅信他們不可能沒有發現這麼荒謬的事。「穿著大猩猩戲服的人在捶胸？」他們說。「有的話我一定會看到。」人不僅看不見這麼明顯的東西，甚至還看不見自己有盲點。

這支影片是丹尼爾・西蒙斯（Daniel J. Simons）與克里斯・查布利斯

（Christopher Chabris）於一九九九年製作的，他們分別是伊利諾大學和聯合學院的心理學教授。西蒙斯指出，「直覺告訴我們，這麼明顯、奇特的東西，我們一定會注意到，但是這種直覺卻經常背叛我們。」關鍵在於，在我們所經歷的世界中，我們接受到的其實只有一小部分的細節。其他仿製這個實驗的類似研究也證實了這個發現。

感官傳來的訊號無時無刻在轟炸我們。此時此刻，我人正在東京一間飯店用早餐。這一個小時我都專注在撰寫這頁書稿，周遭發生的事都與我隔絕了。但在我試著去感覺周遭事物的時候，我就能聞到附近煎蛋區有人在煎蛋的味道。隔壁桌有兩名西班牙商務人士在討論要跟客戶報價多少。輕快的音樂被不用筷子的客人的餐具聲給切碎了。從我這桌可以看見東京的天際線以及每秒閃爍著燈光的彩虹大橋。我已經用同一個姿勢坐了好幾個小時，雙腿也開始痛了。環境中有好多畫面、味道、聲音、感官刺激，但是我的每一個感覺中都有大量的訊號在被處理、被過濾。

這個過程叫做選擇性過濾，又稱選擇性注意力，無時無刻都在發生。我們只會注意到接收到的訊息的一小部分，其他訊息都會被丟掉。福爾摩斯這時就會說，我們看見了，但卻沒有觀察。快樂記憶研究中，受試者想起的所有記憶都是他們過去發現的、注意到的、觀察到的事件，這就是為什麼在快樂記憶的組成比例中，用心體會的事件佔了百分之百。與其說注意力是快樂記憶的原料，搞不好其實它更像烤盤——是不可或缺的根基。

我們眼見的世界之大，但是真正吸收的很少，這之間的差距也許比你想像的還大。除了觀察得知大廳的樓梯數和傳球時有捶胸的大猩猩之外，還有我們所吃的食物究竟是什麼味道，季節如何慢慢轉換，或是炎熱夏天落下的雨水是什麼味道。

破壞專注力的分心時代

「停下腳步、享受人生」聽起來也許很老套，但是研究指出這可以增進生活滿意度。

羅格斯大學心理學教授南西．法格利（Nancy Fagley）的一項研究檢視了「欣賞」（appreciation）的八個面向，其中包含敬畏之情，也就是與自然或生命本身的連結感。研究發現，兩百五十名受試者的幸福與欣賞有所關聯。

但是人的注意力猶如錢財，是有限的珍貴資源，要分配使用，所以我們只會把注意力放在某件事上。注意力是個令人垂涎、有利可圖的市場。而在這個時代，最珍貴的不動產似乎就是我們的雙眼。Netflix 表示睡眠是他們最大的競爭對手，而行銷公司也正在尋覓人類尚未被開發，僅存的最後一點注意力。

廁所門上、手扶梯扶手上、學校成績單背面，以及自動櫃員機鍵入密碼前短暫幾秒的螢幕時間都有廣告。航空公司的機上電影也有廣告——除非你搭的是商務艙。無廣告體驗是新的奢侈品。

你正在想辦法處理掉待辦事項清單上的事情，看了看手機，回了凱倫的訊息，滑了滑臉書——哇，好可愛的小狗影片！之後你回到待辦事項清單，手機提示音響了，是凱倫，你回她：「週一可以喔。」你打開月曆，想起了週一有個會要開，然後在代辦事項清單上加了一條「準備簡報」。這些動作聽起來是不是很熟悉？

那麼，當我們的注意力被排山倒海而來的事物攻擊，使我們分心時，當我們一心超多用時，會發生什麼事呢？

首先，一心多用這件事似乎並不存在。因為我們並不是一次做著好多件事情，而是在好多件事件中來回切換注意力。

二〇一八年《國家科學院學報》（*Proceedings of the National Academy of Sciences*）刊登的一份近期後設研究，整理了十年來針對多工與認知的關聯的文獻，其中包括記憶和注意力的探討[8]。

根據這項後設研究，從許多相關文獻中可以看出一個趨勢：多工者在記憶任務上的表現明顯較差。然而並非所有研究都支持這樣的論點。這份後設研究整理的相關文獻中，約有一半未見顯著差異，但是另一半的研究卻顯示經常多工的人在專注力和記憶上的表現明顯較差。此外，已出版的研究中，沒有一份研究顯示多工對記憶有正面影響。

沒有相關數據可以告訴我們狩獵採集的祖先分心的頻率（古老部落不流行蒐集狩獵採集的相關數據）。然而我認為在過去這十年當中，智慧型手機可說已成為大規模轉移注意力的武器。二〇一八年《衛報》（*Guardian*）引述了英國通訊管理署的研究，指出人們在清醒的時間中，每十二分鐘就會看一次手機。

所以說，沒錯，在這個大規模轉移注意力的時代，我們似乎真的比較容易多忘事，或至少較難集中注意力。

8 〈媒體多工者的心智與大腦：目前的發現以及未來研究方向〉（Minds and Brains of Media Multitaskers: Current Findings and Future Directions），作者為史丹佛大學心理學教授和史丹佛記憶實驗室主任安東尼・D・華格納（Anthony D. Wagner）以及加州大學舊金山分校腦神經學系助理教授梅林娜・R・昂卡佛（Melina R. Uncapher）。

海馬迴負責記憶，杏仁核主導情緒

人類大腦兩側各有一個海馬迴，海馬迴是邊緣系統的一部分，邊緣系統與我們的情感、行為以及長期記憶有關。海馬迴在耳朵上往內大約五公分處，長得像海馬的那個就是了。

要把短期記憶的訊息統整成長期記憶並讀取記憶，海馬迴扮演著重要角色。人的長期記憶並非集中存放在大腦某區，而是分散在各處，而海馬迴可以蒐集、組成同一個記憶卻散布在各處的資訊。你可以把海馬迴想成一個導演，導演要用演員、燈光、音效、劇本等來重現某場戲。如果你需要圖像來幫助記憶，不妨想像一隻坐在導演椅上的海馬。這名導演從大腦其他地方接收資訊。

記憶中的觸覺、聽覺、視覺、味覺以及嗅覺訊號是什麼？我對整體事件的感覺是什麼？這就是杏仁核的工作了。我們有兩個杏仁核，形狀就像是杏仁，我們使用杏仁核來做決策、回應以及記憶情緒。我是害怕呢？還是憤怒？杏仁核會告訴海馬迴某個刺激對情緒有多大的影響以及你的感受。大腦各部位合作無間，天衣無縫地重現記憶：拍攝就緒！燈光！攝影！Action！

更有甚者，「想起過去的經驗」以及「想像未來的過程」是由相同的腦區負責。腦部掃描顯示回憶過去和思考未來時啟動的腦區差不多是同一區塊。由此可知，我們的記憶會塑造我們對未來的希望與憧憬。

情境觸發：換個環境也會影響記憶

我們都有過這樣的經歷：你在家裡，坐在電腦前，起身要去拿廚房桌上的信。但當你走到廚房，站在廚房裡，卻忘了來廚房是要做什麼。你打開冰箱。不對，不是要開冰箱。你回到電腦前——想起來了。啊，是要去拿信。

這種短期記憶失憶很常見。這可能不是恍神造成的，單純只是因為你過了一道門。一進門就忘記為什麼你到這間房間的現象叫做「門口效應」（doorway effect）。

二〇一一年，美國聖母大學一群心理學家發表了一篇名為〈過門就忘〉（Walking through Doorways Causes Forgetting）的論文（看樣子學術界不在意爆雷）。

「進門或出門會在我們腦中畫下一個『事件界線』，隔開各種不同的活動，放到一邊去。」該研究其中一位研究員加彼列．拉德萬斯基（Gabriel Radvansky）向《生活科學》（*Live Science*）雜誌這樣表示。

換句話說，過門這個行為會使大腦認為我們進入了一個新的場景，所以舊場景的記憶就用不到了。

該研究中，拉德萬斯基和他的同事讓受試者玩一個電玩。遊戲中玩家可以自由移動，拿東西，把桌上的東西拿到另一張桌子放。這就是遊戲的目標。玩家在移動物品的時候要把物品放在一個虛擬背包裡，玩家便看不見物品。

有時候玩家會需要把物品移到同一間房的另一張桌上，有時候需要移到別間房的桌上（距離相同）。該研究的另一版本是要受試者把實體物品放在鞋盒裡（這樣才看不到），在實驗室裡把物品從一張桌子換到別張桌上。研究員會時不時問受試者他們的虛擬背包或鞋盒裡面裝著什麼。

結論是過門就忘事。驚訝吧！

另一項研究中，當時服務於斯特林大學的兩位心理學教授貝德利（Baddeley）和戈登（Godden）要潛水員在兩個不同的環境中記憶一串單字，一組人在水底記憶，另一組人在陸地記憶。水底組在水面下六公尺進行實驗。他們要記住三十八個毫無關聯的單字，一個單字的背誦時間是四秒，一共會聽到兩次（水底的潛水員會佩戴通訊設備）。

二十四小時後，受試者必須在他們學習這些單字的環境，或是其他環境中回想單字。戈登和貝德利發現，若在水裡記憶單字，那麼在水裡也比較容易回想起單字，若在陸地上記憶單字，則在陸地上比較容易回想起單字。學習和回憶的情境相同時，記憶能力的表現可以提升大約百分之五十。

這只是個小實驗，受試的潛水員只有十八個，而且這是一九七五年的實驗。但是今天我們已經知道，記憶在特定情境中會表現得比較好。回憶時的條件與記憶編碼（也就是記憶形成）時的條件相同時，最容易想起記憶。這就是為什麼警察會帶嫌疑犯回到犯罪現場審問。這就叫做「編碼特定性原則」（the encoding specificity principle），是安道爾・圖威創的詞（對，又是他）。

圖威的理論強調「提示」在提取回憶和叫出情節記憶時的重要性。我們是藉著關聯性來記憶事情，所以忘記事情可能是只是因為缺少了可以觸發記憶的適當提示。

提示有可能是紀念品或是一個人的心理狀態。然而語言也很重要。訪問的時候，若使用事件發生時使用的語言，便有助於回憶。一項研究中，研究員分別用英語以及俄語訪問了雙母語受試者。受試者接收到俄語提示詞時便會想起在俄語環境發生的記憶，而接收到英語提示詞時，便會想起在英語環境發生的記憶。這表示如果你想要憶起並留下快樂回憶，對的環境很重要，所以你可以考慮重返那些帶給你快樂好時光的場景。

快樂記憶小祕訣

拒絕手機的誘惑

找個晚上或是週末進行科技排毒，創造回憶。

我們在幸福研究機構進行的快樂記憶研究中，許多人提到沒有電或是沒有網路時發生的事情。有一家人某個晚上家裡停電了，他們拿出蠟燭，整晚說著他們最喜歡的家族故事。

一位來自英國的三十歲女性分享了這段快樂記憶：

那天是國定假日，我和男友趁著週末出遠門來趟健行之旅，但是第二天遇到暴風雨。我們穿著防水登山服走了大約三小時，然後又濕又冷地回到了下榻的民宿，在客廳玩拼字遊戲。只有我們兩個人，舒適、溫暖、乾爽。濕漉漉的那一趟路程當然還是很美好，但是這個反差讓我感到很放鬆，並且得到了充足的休息。我很喜歡拼字遊戲，不過我們從來不曾一起玩，因為家裡沒有，而且我男友平常沒事也不會玩桌遊。反正那次暴雨的午後也無事可做，對我來說很剛好。

沒有手機或沒有電的時候我們比較容易專心。沒有手機或電視，可以減少誘惑我們、奪去我們注意力的聲音，我們也就更能控制自己的專注力。美國的人文科技中心努力想要重新把科技與人類最大的利益做結合，提倡發明可以保護人類心智的科技，以及更貼近理想生活方式的設計。他們提出以下幾點建議來幫助我們更有意識地使用電子產品：

一、關掉所有提示

快、按、我。那些紅點點在吸引你的注意力。快關掉所有提醒。

二、使用灰階

明亮、鮮豔的顏色容易吸睛！你可以把數位裝置的色調設成暗一些。

三、主畫面上保留必要工具

把主畫面留給實用工具，例如地圖、相機、行事曆。把誘人的app從第一頁拿掉或是放到資料夾裡。

四、要使用其他app時，建議打字搜尋

打字搜尋你想使用的app，不要讓它在主畫面上盯著你、呼喚你。

五、愛用語音訊息或通話功能，少打字

用說的比用打的輕鬆多了。說話是比較豐富的溝通方式。說話的語氣也是重要的訊息。

我們等一下也會談到，今天我們輕輕鬆鬆就可以把回憶以照片的形式保存下來。雖然在假期中瘋狂拍照真的很方便，卻也代表我們沒能用心體會。看見了卻未能留心，往後想起這段回憶的機會就小了。

留意每一個細節，記憶更能長久

「你們聊了些什麼？」

在溫哥華某個滴滴答答的夜裡，我坐在美國經濟學教授喬治・阿克洛夫（George Akerlof）對面，和他聊著人為什麼會記得自己記得的那些事。這話題有很多可聊。

阿克洛夫生於一九四〇年。他還記得聽到甘迺迪遇刺新聞的時候，他人正站在走廊。他記得一九六九年美國反越戰遊行時，他在柏克萊被催淚彈攻擊。他還記得遇見他太太當下的情景。

他們在一個歡送會上遇見彼此，但是兩人沒有交談；第二次見面時他們剛好被排在同一桌，便聊了一整晚。我很好奇，「你們聊了些什麼？」我很期待阿克洛夫的回答。阿克洛夫聰明絕頂──他的經濟學諾貝爾獎就是最好的證明。

「我不記得了，就第二次見到喜歡的人會說的那些話題吧。」阿克洛夫似乎察覺了我的失望。「如果我是小說家就說得出來，」他說，「卡爾．奧韋．克瑙斯高（Karl Ove Knausgård）就說得出來。」克瑙斯高是挪威作家，寫了一部自傳叫《我的奮鬥》（*Min Kamp*，英譯：*My Struggle*）。《我的奮鬥》共有六冊，三千六百頁。

「真的。我記得讀到他某次洗馬鈴薯的事，寫了三頁的細節。」我說。

「我們會把回憶擠在一起——但是小說家記得所有細節。」

阿克洛夫說到了重點；海明威曾寫道，一本書要好看，就需要有說服力的精確小細節。

「你住三樓，對吧？」後來我問他。我和阿克洛夫住在同一間飯店，之前一起搭過電梯。

「不是，我在五樓、你在六樓。」

如果你有記分板，目前諾貝爾獎得主一分，我零分。

那時起，我便開始試著蒐集快樂時光、我想記住的時刻的細節。

他點了龍蝦，我點了魚，我忘了是哪種魚，但很美味。

快樂記憶
小祕訣

用對待約會對象的方式對待快樂記憶

要用心體會！

十八世紀編纂了《詹森字典》的英國作家塞繆爾．詹森（Samuel Johnson）曾寫道：「記憶的藝術就是用心的藝術。」

想像一下和某人的第一次約會。你不會只是看，你會觀察。

你會注意到對方眼珠的顏色、對方的笑聲，甚至是你們初次打招呼時，對方身上的香水味。你會注意到聊到令他興奮的話題時，他會有很多手勢。

你搞不好還會注意到一些微妙的小細節，例如他說話的語調會隨著話題改變，或是當食物出奇美味時，他會坐在椅子上緩緩舞動著身體。

換句話說，隔壁桌可能有大猩猩在用餐，但你的專注力全在約會對象的身上，這也挺好的。就讓大猩猩享受他們自己的浪漫好時光吧，你只要記得自己的快樂時刻就好了。

因此，當你在創造快樂回憶時，多花點心思在細節上。記得坐在導演椅上的海馬嗎？得給他一點事情做。多加留意場景中的各種不同元素。背景播放著什麼音樂呢？或是如果要你用寫小說的方式描述這個空間，你會怎麼寫呢？用這些細節來餵食海馬吧。

Chapter 4

創造有意義的時光

把重大日子、達成人生里程碑的時刻，都變成值得留念的美好記憶。

用心就會記得

當我們活在當下、積極參與、認真投入的時候，我們就會用心；當我們的眼所見、心所想對我們來說別具意義的時候，我們就會用心。

如前一章所述，只是身處於某個環境之中並不代表可以留下印象。如果這件事對我們來說不重要，對我們來說沒有意義，我們就不會注意、處理、編碼、儲存這件事。

不相信我的話，那你告訴我你右手掌上有幾條水平紋。你應該看過你的手掌好多次了，但你卻沒有注意、也想不起來手上究竟有幾條水平紋。這是好事，因為右手掌上有幾條紋路是沒有意義、不重要的資訊。

自我介紹的時候你不會說：「你好，我是珊卓拉。我的右手掌上有三條水平紋。」如果你會這樣自我介紹，那要請你稍等我一下，我得先去打通很重要的電話。

但如果你對看相有興趣，也相信手相學說感情線（最上面那條）比較彎、比較長代表你善於表達情感，那麼你就會記得自己手掌的樣子。如果這些紋路對我們來說是有意義的，我們就會特別留意，也會留下記憶。

生活中揮之不去的吉光片羽

多數人都很熟悉日常生活中的慣例：起床、吃早餐、通勤、上班、通勤、吃晚餐、追劇、睡覺、然後再來一次。

我們很容易忘記這些日子。會成為記憶的都是生命中的重大日子：我們的里程碑；對我們來說別具意義的時刻；與所愛之人、與這個世界、與生命本身緊緊相繫的感覺。我們在快樂記憶研究中分析的記憶有百分之三十七都是有意義的記憶，例如：「結婚當天」、「結婚紀念日與先生一起在沙灘上漫步」、「兒子出生」、「週六早晨與爺爺一起去海邊」、「女兒寫的感謝信」、「領養兒子的第一次旅行，下著雪的冬季午後，在高速公路上開了兩百公里帶他回家」。我們的快樂記憶庫充滿了人生的「重要」時刻。

研究中有個很感人的回憶來自一名四十多歲的女性。她回想起十多年前參加祖母葬禮時，她牽著外甥女走在沙灘上。那天是個相當難得的美麗冬日。

我和可愛的小外甥女在一起，她是我全世界最愛的寶貝。對祖母的記憶讓我感覺活著、覺得感恩。我們兩人並肩走著，我們是還在世界上繼續向前邁進的下一代和下下一代。

前百分之一的超級富人也一樣有特殊時刻的記憶（至少在丹麥是如此）。我的優秀同事米凱．畢爾開（Michael Birkjar）去年受邀向丹麥收入最高的富人演講，他便趁機對這些人做了一個小調查。他們最快樂的日子是與人相處的日子，是愛人在身邊的日子，是充滿意義的日子。

引起懷舊之情的那些回憶

無庸置疑，我們最有意義、最值得留念的時刻就是與他人連結的時刻。連結不一定要是結婚典禮或孩子出生這種重大日子，也可以是日常生活中發生的事。別人沒有注意到或認為沒什麼的短暫時刻，可能會成為你永生難忘的回憶，那些輕如鴻毛的小事也能變成人生大事。

「女兒第一次抬起頭來看著我說『我好開心』的時刻。」

「那個早晨我先生爬上床，從我背後緊緊環抱我，我們的狗也接著跳了上床，舔著我們兩人。」

「我們四個好友在哥倫比亞波哥大的街上玩鬧。玩累了，我們就共喝一罐可樂、分食麵包。」

「同事們知道我諸事不順，所以替我布置了辦公桌，幫我打氣。」

我們平凡的人生故事就是由千千萬萬個時刻所組成的。這些時刻是人際關係的最小單位。當你讀到或聽到別人的快樂記憶時，你會發現這些記憶通常與人有關，而且是很多很多人——祖父、姪子、男友、阿姨、叔叔、表兄弟姐妹、姪女、兒子、姐妹、媽媽、祖母、老公、妻子等。

我們深愛的人似乎就是最令我們難忘的人，我們也會想辦法留住與這些人有關的快樂記憶。與他人相處的快樂記憶能帶給我們安慰。這就是為什麼我們在感到寂寞的時候，比較容易出現懷舊之情。

前面我也提過，有愈來愈多證據顯示懷舊之情可以帶來正面情緒，加強自我肯定，以及被愛的感覺，同時還可以減輕空虛寂寞等負面情緒。

南安普敦大學的研究員做了一個實驗，讓受試者分別閱讀傷心的事件（如二〇〇四年的南亞海嘯）與快樂的事件（北極熊寶寶誕生），引導受試者進入負面或正面情緒。研究發現負面情緒比正面情緒更容易引發懷舊之情。

此外，研究員也請受試者填寫人格特質測驗，但是問卷經過調整，使受試者以為他們的寂寞分數很高。這項研究顯示因悲傷事件或人格特質測驗而被激發負面情緒的受試者，比較容易出現懷舊之情，比較容易回顧過去的快樂時光、所愛的人在身邊的時光。這種情緒調節策略相當成功，因為受試者後來也表示心情不如之前憂傷、寂寞了。

幸福研究機構的一項研究也有類似的例子可以支持這個論點。一名二十幾歲的女性告訴我們她幾年前的一個快樂記憶。她和一群高中朋友包得緊緊的，帶著一罐裝著熱巧克力的保溫瓶，在結凍的湖邊說著故事，還試圖用運動鞋打開紅酒。

這聽起來確實是個開心的夜晚。在後續追蹤時，我們問這位女性她覺得自己為什麼會記得這件事，她告訴我們她喜歡回想那種舒適的感覺，還有她很想念過去與人親近的日子。研究中出現懷舊記憶不只她一人。我們的快樂記憶研究中有溫暖的故事，同時也有心碎的故事，有愛，也有留不住的愛。

快樂記憶有時是悲喜參半。一九四二年，亨弗萊．鮑嘉和英格麗．褒曼主演的經典電影《北非諜影》（*Casablanca*）就是個經典的例子。

伊爾莎和李克是第二次世界大戰時在巴黎的一對戀人。伊爾莎相信她丈夫拉斯洛，一名抵抗運動的中堅分子，在暴動中已經遇害了。納粹入侵法國之時，李克和伊爾莎計畫一起搭火車逃跑，而李克打算在火車上和伊爾莎求婚，然而伊爾莎最終並未和他一起離開，因為她發現拉斯洛還活著，便毅然決然離開李克，沒有留下任何解釋。兩人的婚外情事就這樣結束了。後來，伊爾莎和拉斯洛出現於李克在摩洛哥的酒吧，李克和伊爾莎在巴黎的回憶於是再度浮現。

最後一幕中，李克接受了他和伊爾莎永遠不可能再續前緣的事實——世界上還有更重要的事在等著他們——李克對伊爾莎說：「我們會永遠擁有巴黎」。他們永遠無法擁有彼此，但是會永遠擁有巴黎那段回憶。那是真愛，但回不去了。簡單來說，這就是懷舊之情。懷舊之情可以幫助你，卻也可能令你心痛，但是你所擁有的記憶，沒有人可以奪走。

所以快樂記憶雖然可能悲喜交雜，卻能讓我們了解身而為人的價值，了解自己和他人之間有很強的連結，了解人生充滿意義。

然而快樂記憶中的連結並非僅限於人際關係。在研究人們的快樂記憶時，我們發現與大自然的連結、與自己身體的連結、與世界的連結也都是常見的元素。

也許是在芬蘭的湖裡裸泳，或是在蘇格蘭的雪中玩耍，或是去開普敦的桌山爬山。又或是觀賞日落或日出，或是看著雪花落在阿爾卑斯山上。也許是登山或衝浪或光腳在草地上奔跑，或是坐在石礫沙灘上或從干城章嘉峰上看著腳下的世界。也許是在加拿大紐芬蘭與兒子一起玩雪地單車，或是在英國彭布羅克郡與朋友一同站在寧靜的海灘上。也許是騎馬或遛狗，或在北極賞藍鯨。簡言之，快樂記憶就是讓生活充滿魔力與意義的記憶。

一名年近三十歲的丹麥女性回想起她十二歲時發生的一件事。某個夏日午後，她躺在草地上。

我們全家參加了妹妹班上的戶外教學。因為活動提早結束，其他人都走了。妹妹躺在我身邊，我們一邊看著清澈的湛藍天空一邊聊著天。那是最純粹的幸福。感受傍晚的溫暖暮光；躺在草地上貼近大自然的感覺，以及我和妹妹之間的交流。戶外教學的喧鬧感，和只剩我和妹妹那種平靜、親密的感覺產生非常大的對比。

達成夢想的里程碑

我們的快樂記憶中充滿著我們所愛的人，與他人交流時，我們能感受到人生的意義。然而，當我們感覺自己正在發揮潛力，或是達到了某個重要的里程碑、完成某個重要目標時，也可以感受到人生的意義。成為自己夢想中模樣的時刻，就是快樂記憶的時刻。

「通過一個難度很高的考試。」
「二〇一六年馬拉松成就解鎖。」
「收到大學錄取通知。」
「上週打網球時擊出完美的正手。」

讀著別人的回憶，可以感覺到他們的驕傲；讀著別人的回憶，可以聽見他們成功的凱歌；讀著別人的回憶，可以讀出他們的希望與夢想。

他們爬過的山、跑過的馬拉松、打開的錄取信以及簽下的大案子——這些都是值得回味的時刻，對我們意義重大的時刻。有想起十一歲時用自己的錢買了玩具的伊拉克年輕人；有想起自己在三十八歲時終於拿到大學學歷的女性；有自己開了公司，戰戰兢兢地寫了一個提案，最後成功標到大案子的男性；也有想起當時為了成為男性而開始施打睪固酮的年輕人；以及終於得到一輩子朝思暮想的摩托車的奶奶。這些是構成我們人生故事的重要片刻。我們會記得生命中那些改變我們的時刻，成就我們的時刻，以及當我們成為自己喜歡模樣的時刻。

身為一名幸福研究員，我發現幸福常出現在以下三點達到一致時：我們感覺自己是怎樣的人，我們想要成為的人，以及別人眼中的我們。當我們所愛的人是看著、愛著真實的我們的時候，當我們成功成為更好的自己的時候，就能找到幸福。

美好人生的三種姿態

幸福要如何測量？美好人生是什麼？當你說你的工作是研究幸福，就會被問很多問題。

幸福調查常問到人生的意義和目標。事實上，意義和目標是美好人生不可或缺的元素，英國國家統計局年度幸福問卷的四個問題中就有一題與此有關：「整體而言，你覺得你在人生中所做的事是否有意義？」另外三個問題包含人生整體滿意度，以及前一天的幸福程度，與焦慮程度。

這四個問題之間是有關聯的。人生充滿意義的感覺與人生整體滿意度，還有前一天的幸福息息相關。

其他幸福問卷則更深入探討人生的意義，調查受訪者是否擁有支持自己、有所回饋的人際關係，是否對自己每天從事的活動感興趣並能積極參與，是否有能力從事你認為重要的活動並有好的表現。

對我而言，美好人生——完整、豐富的人生——是既有意義又令人快樂的人生。美好人生是對現況感到滿足，對未來充滿希望，並與過去和解。幸福並非只有一種原料。

喚醒記憶才能加深記憶

記憶是我們編碼、儲存、提取資訊的能力。

記憶形成的過程是編碼（encoding）、儲存與固化（storage and consolidation）以及回想（recall）。

- 編碼↓這是我妹妹漢娜。
- 儲存與固化↓漢娜是鮑伯的妹妹。
- 回想↓漢娜妳好，很高興再見到妳。

人會先用感官感覺這個世界。認識新朋友時，你可能會先注意到對方眼睛的顏色、說話的聲音、香水的味道以及握手的力道。編碼的第一階段就是接收可能成為記憶的訊息。

這些感受會合為一個體驗，大腦會經過分析，再決定是否要把這些訊息存放到長期記憶。相關的決定因素有很多。舉例來說，就像我們先前所讀到的，多用心可以幫助我們記住某個事件。下一章會提到情緒能提高體驗事件的強度，也可能會增加我們用心體會該事件的程度。

可能成為記憶的事件會先被存放在暫時的儲藏室中，也就是我們的短期記憶庫。短期記憶也叫做工作記憶，工作記憶是人類有限、暫時的記憶庫。可以把工作記憶想成電腦的記憶體，它會專心處理我們接收到的感官訊息，把這些資訊暫存下來，待我們處理完手邊的事情後，再來回應感官所接收到的資訊。「漢娜，妳好。」（四目相交、微笑、握手很有力——「幹得好啊！大腦」）。

人類平均一次只能記住七組左右的訊息，記得的時間約二、三十秒。這就是為什麼電話號碼比較好記，信用卡號比較難記。這個理論首見於哈佛大學心理學家喬治・米勒（George Miller）一九五六年的論文〈神奇的數字：

7±2〉（The Magical Number 7, Plus or Minus 2），有時又稱為「米勒法則」（Miller's Law）。

「啊，對了，跟你介紹一下漢娜的七個姐妹。」

「好喔。」

「還有她們的先生。」

「'%&€###!」

我們可以運用不同的記憶法讓需要記下的東西留在腦中一陣子。例如反覆複誦數字，藉此不斷重啟短期記憶的機制，或是把一長串數字切成小段，比方說把 18006169335 變成 1-800-616- 9335。

根據米勒法則，有意義的訊息塊才是記憶的極限。也就是說，要你記得以下這串二十二個英文字母 CIANHSNASABBCFBISOKMTV 很難，但若要你記得漢娜和姐妹們工作的地方分別是CIA（美國中央情報局）、NHS（英國國家健保局）、NASA（美國航太總署）、BBC（英國國家廣播公司）、FBI（美國聯邦調查局）、SOK（丹麥海軍司令部）和MTV

（全球音樂電視台），也許會容易得多。但是這些訊息塊是否管用，也要考量到記憶者的背景知識。所以你要記住ＳＯＫ會比我困難：因為ＳＯＫ是丹麥海軍司令部。

編碼通常是在事發當下描述過程，固化則是在事發過後描述過程，也就是在你取得一個記憶之後試圖保住這個記憶。愈是重要的資訊，愈有可能被寫入你的長期記憶。這個名字是屬於你大概再也不會見到的人呢，還是你覺得剛認識的這位會是你未來的人生伴侶呢？

所以重要的經歷像是第一次見到未來的配偶、我們的婚禮、小倆口添新成員等，比較可能被寫入長期記憶，這就是為什麼我們在快樂記憶研究中看到了這麼多重要事件、有意義的事件。

如果我們把訊息或是事件編碼後儲存起來，之後就有機會回憶、提取這些訊息或事件。能記得的回憶才是回憶，這有點像聖誕老人——如果沒人想到他，他就會消失。

你愈是去想某個記憶，這個記憶就愈有可能被記住。我們比較喜歡去想重要、有意義的經驗。我們的記憶基本上就是大腦中的神經元連結。要維持這些連結就需要時不時使用、啟動它。所以喚起記憶就是強化記憶最好的方法。就這個角度來看，記憶就像是肌肉一樣。

「等等，你剛剛不是才說記憶像是聖誕老人？」你問。「所以到底是哪個？是聖誕老人還是肌肉？」是聖誕筋肉人，可以了吧？是注射類固醇的聖誕老人。他一年也只上一天班，玩具工廠的那些聖誕小矮人才辛苦呢，聖誕老人大概一週來開個一次會就好，他時間那麼多，你以為他都在做什麼？當然是在練肌肉啊。告訴你，耶誕老人壯到電影《舞棍俱樂部》（*Magic Mike*）還給了他一個角色，不過他不能答應，因為要遵守聖誕老人的合約規定。總之，他就是聖誕筋肉人。這下你的記憶庫裡有畫面了。

快樂記憶
小祕訣

創造里程碑，慶祝里程碑

拿出筆記本，也拿出酒來。

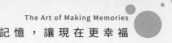

除了《聖戰奇兵》之外，我最愛的電影還有《第凡內早餐》。這是改編自楚門．柯波帝（Truman Capote）短篇小說的電影，是熱愛鑽石的拜金女荷莉．戈萊利（由奧黛麗．赫本飾演）與被女人包養的小白臉作家保羅．華傑（由喬治．比柏飾演）之間的愛情故事。

某天早晨保羅告訴荷莉他的小說出版了的消息。荷莉想替他慶祝，便要保羅在早餐前開一瓶香檳。保羅從來沒有在吃早餐前喝過香檳，荷莉於是建議兩人這一天都要做他們之前從沒做過的事（幹得好啊，戈萊利小姐！居然直接使用「第一次」的力量）。當天稍晚，荷莉和保羅到了紐約公立圖書館總館，那是荷莉第一次造訪這間圖書館，而保羅在那裡拿了他的書《九條命》（*Nine Lives*），並在上面簽名。

這部電影是經典之作，相當溫馨，片中有奧黛麗．赫本，還有亨利．曼西尼（Henry Mancini）的音樂在整部片中流盪，當然也包括經典的主題曲《月河》（Moon River）。怎能不喜歡呢？

打從第一次看這部片我就很想變成保羅．華傑。所以我一直有個目標，就是要在紐約公立圖書館找到自己的書，並在書上簽名。就在去年，我在第五大道和四十二街交會處找到了我的書，在上面簽了名。現在只要我再看這部電影，就會回到紐約那美好的一天，回想起對我來說別具意義的里程碑。

不妨現在開始規畫未來可以慶祝哪些里程碑。里程碑可大可小，也許是連續一個月每天走一萬步，或是重新裝潢廚房，或是找到新的工作。記得也要寫下慶祝方式，看你是要出去享受一頓大餐，還是整個週末都待在家看你最愛的劇。

去年，我給幸福研究機構的每個員工帶了兩瓶香檳，要他們自己寫下達到什麼里程碑才能打開香檳。截至目前我們開香檳慶祝過婚禮、完成報告，以及在社群媒體上追蹤人數超越了最大的競爭者。

Chapter 5

用情緒螢光筆標下記憶重點

好好感受自己情緒，並透過表達情感，喚起杏仁核，加深記憶強度。

百分之五十六的記憶都跟情緒有關

二〇一七年九月六日，我坐在電視節目《今晨》（This Morning）位於倫敦的攝影棚內，準備聊我的新書。

我很緊張。這個節目的觀眾人數大概跟丹麥人口差不多，而且是現場直播。我的宣傳，萬能的茱莉雅也在場幫我做準備。我不記得她到底說了些什麼，但我記得說到一半，她拜託我說：「麥克，千萬別搞砸。」

但最終，我還真的搞砸了！

訪問一開始很順利，但接近尾聲時，其中一位主持人菲爾問我：「你出版了《我們最快樂：Hygge，向全世界最幸福的丹麥人學過生活》，還有《全世界最幸福的人的幸福祕訣：Lykke》，那接下來有什麼打算呢？」我覺得主持人說丹麥語的 hygge 和 lykke 時發音很標準，想稱讚他，而且我也知道英國有很多人收看《城堡》（*Borgen*，中文片名暫譯）、《雙城追兇》（*The Bridge*）、《謀殺拼圖》（*The Killing*）等丹麥劇，而且是聽丹麥語原音版本，所以心想菲爾發音這麼好大概是這個原因。因此，「你的丹麥語發音真好，」我說。「你應該很常看丹麥劇《城堡》（*Borgen*）吧？」不過他把劇名聽成了另一個字，滿臉通紅地大笑著，其他主持人也是。但我完全不知道他們在笑什麼。「他說什麼？」另一名主持人荷莉問。「我不敢問，」菲爾說。然後訪問就結束了。

後來我讀到一篇標題為〈節目主持人誤會丹麥來賓〉（Host Mishears Danish Guest）的文章，才想起英國人說「Borgen」時會拆成兩個音節，但是丹麥語的發音卻完全不一樣，所以菲爾聽成了：「你應該很常看丹麥A片（porn）吧？」，這才發現主持人誤會了我說的話，我實在很想找個超小的洞鑽進去並躲起來。

我常想起這件事，現在每次要做現場訪問的時候，我都會在心裡對自己說：「好啦，再怎樣都不會比說A片慘。」每個人都有過難為情的經驗，有些甚至好幾年後都還走不出來。這些記憶總在我們意想不到的時候，或是我們最不希望想起的時候忽然出現。

這些記憶之所以頑固，是因為情緒就像螢光筆。我在現場直播時出包的尷尬情緒就是個例子。恐懼或是尷尬的情緒反應由杏仁核，也是大腦啟動戰或逃反應的區塊負責處理，讓你知道哪些事和你的哪些情緒有關。所以現在只要現場直播的燈亮起來，我就會記得千萬不要提到丹麥電視劇。

情緒反應會使你對某些體驗、某些片刻的記憶更加深刻，所以創造記憶的藝術其實就是善用情緒螢光筆。在幸福研究機構的快樂記憶研究中，百分之五十六的記憶都屬於情緒體驗：孩子出生、結婚、初吻等。

「我最快樂的記憶中，有一項是我和老公結婚的那天。」一名來自美國的年輕女性寫道。

那時我大學剛畢業，我們也準備好要追隨夢想搬到西岸。當時我們沒什麼錢，也沒讓家人資助婚禮費用，所以只辦了個簡單的婚禮，總計只花了大約美金三百元。婚禮辦在我們一開始約會會去的美術館花園。我們自己寫婚禮誓詞，婚禮進行到一半的時候，樹上的白色花朵紛紛落在我們身上。沒有比這更完美了。簡簡單單地就很美。因為這樣我們才能專注在重要的事情上

（也就是「結婚」這件事），不用忙著搞些奢華的排場。

想必你也清楚記得自己的初吻，發生的地點，即將發生的前幾分鐘或幾小時你在做些什麼。那一吻之前你們是否深情對望，你是知道他要吻你了，還是這一吻突如其來讓你措手不及？情緒激動的那些日子有可能是我們最快樂的日子，卻也有可能是我們最不快樂的日子。每個人都有傷心、痛苦的記憶，其中有些是個人專屬的記憶，有些卻是普世的集體記憶。

測量推特用戶情緒指數的快樂測量儀

那麼，快樂的日子和不快樂的日子分別是怎麼樣的呢？我們可以用快樂測量儀（Hedonometer）來回答這個問題。

快樂測量儀來自佛蒙特大學演算故事實驗室（Computational Story Lab）的數學教授彼得・陶茲（Peter Dodds）與克里斯・丹佛斯（Chris Danforth）

以及他們的團隊的研究。

快樂測量儀所分析的資料是推特上的發文。約一萬個字被標上了快樂分數，一分到九分，一分為極度悲傷，九分是極度快樂。「愛」這個字的分數是八點四二，「哭」是二點二，「失望」是二點二六，「蝴蝶」是七點九二，「回憶」是七點〇八。

快樂測量儀每天蒐集五千萬筆推特文，依據當天發文中所使用的詞彙，計算出當天的快樂分數。就某種程度而言，可以把這個分數視作全球情緒氣候（至少是推特上的全球情緒氣候）。數據蒐集從二〇〇九年開始。

低分的日子如恐怖攻擊或名人過世，而高分的日子則集中在耶誕節、感恩節和母親節這些節日的期間。有些日子很悲傷，有些日子很快樂，然而這之中的共通點是，情感豐沛的日子比較容易留下印象——光譜兩端皆然。

其中一些日子的分數如下：

● 二〇一七年十二月二十五日（星期一）耶誕節

平均幸福指數：6.25

● 二〇一四年五月十一日（星期日）母親節
平均幸福指數：6.14

● 二〇一一年四月二十九日（星期五）威廉王子和凱特王妃的婚禮
平均幸福指數：6.08

● 二〇一四年六月十五日（星期日）父親節
平均幸福指數：6.07

● 二〇一〇年五月二十四日（星期一）前晚電視播放了《LOST檔案》的最後一集
平均幸福指數：6.03

● 二〇一四年八月十二日（星期二）演員兼諧星羅賓・威廉斯過世
平均幸福指數：6

● 二〇一六年十一月九日（星期三）川普當選第四十五屆美國總統
平均幸福指數：5.87

我覺得快樂測量儀是個挺有趣的工具，但是不太適合用來探索專屬於個人的幸福。有些測量結果很合理，像是週一的快樂分數比週五低。但是「肉汁」這個詞的六點三二真的比「三明治」的七點〇六悲傷嗎？我覺得從科學角度來看很有爭議。無論如何，快樂測量儀測出的結果能顯示最令我們印象深刻的日子。

讓人留下深刻印象的閃光燈效應

你應該還清楚記得目睹九一一，或是聽聞黛安娜王妃逝世時，或是看見人類首度登陸月球，又或是見證柏林圍牆倒下等重大事件時，自己身處在什麼地方。

若你在此生中目睹了這些事件，這些記憶應該就會像閃光燈一樣在你腦中閃過。哈佛心理學家羅傑·布朗（Roger Brown）和詹姆士·庫利克（James Kulik）於一九七七年提出閃光燈記憶（flashbulb memory）一詞。

閃光燈記憶是指在重要事件發生當下，大腦快照存下的記憶。兩位學者認為在重要事件發生時，事件會清楚、仔細地被存在腦海中，以便日後讀取、分析，若是危險事件，便可以藉此避免未來再有類似的情形發生。

閃光燈記憶指的通常是全國或國際間發生的大事，但是一項針對美國大學生進行的研究指出，這些受試者的閃光燈記憶中，只有百分之三的記憶是國家或國際級事件。其他閃光燈記憶多為個人經歷，像是初吻、考試、摔斷腿等。

快樂事件和危險或創傷的經歷都會被存在閃光燈記憶中。在一項關於丹麥二戰閃光燈記憶的研究中，奧胡斯大學心理學教授桃斯・伯恩斯（Dorthe Berntsen）和桃斯・K・湯森（Dorthe K. Thomsen）探討了一九四〇年四月收到納粹佔領丹麥壞消息的記憶，以及一九四五年五月四日得知解放好消息的記憶。她們訪問了一百位年齡介於七十二與八十九歲之間的丹麥人，用這些人的回答來與客觀史料做交叉比對。客觀史料如當時的天氣或是納粹佔領的第一天是星期幾。當時解放的新聞是由倫敦廣播公司廣播傳送訊息，廣播時間約為晚上八點半。

一名女性回憶道：

我到蒂沃利樂園跟一個同學見面。我們心想大概很快會有投降的消息，打算回家聽英國廣播。但我們才到了蒙納斯維，就有名男子從貝斯同餐廳衝出來揮舞著雙臂大喊：「孩子們！丹麥解放了！」這件事我仍歷歷在目，宛如昨日。

百分之九十六的受訪者都記得自己聽到德國投降消息的那個當下。有趣的是，其中有些受訪者表示自己當時參與了丹麥的抵抗運動，而這些人的記憶比沒有參加抵抗運動的人更加鮮明、清晰。我猜參與抵抗運動的人付出的情感比較多，所以對德國投降的記憶才比較深刻，也有其他研究發現了這種現象。當我們與事件的關係愈緊密，就會記得愈清楚。

有項研究探討了英國人與非英國人對柴契爾夫人辭職消息的閃光燈記憶。柴契爾夫人辭去英國首相一年後，英國受訪者對於該事件的記憶仍然清晰、準確，相較之下，非英國受訪者的記憶已經模糊，也比較容易對該事件出現虛構的記憶。類似的情形也可見於黛安娜王妃逝世的細節，比起他國受訪者，英國人對該事件的記憶比較準確。此外，美國總統雷根以及教宗若望·保祿二世遇刺的時間只相差幾個月，然而被問及兩起刺殺案件的發生時間時，美國受訪者認為雷根總統刺殺發生的時間離現在比較近，但天主教徒卻認為教宗刺殺案發生的時間比較近。

上述研究內容都是令人悲傷的事件，但是快樂事件也有相同的運作機制。比起你的朋友，你可能覺得你婚禮的時間距離現在比較近。閃光燈記憶留下的生動印象和細節，常讓我們以為事件沒多久前才剛發生。

那麼，我們可以怎麼運用這種現象來創造回憶呢？是說如果納粹入侵，我們應該要加入抵抗運動嗎？話是這麼說沒錯，但這也告訴我們，如果想要創造回憶，可以使用情緒螢光筆。在發生讓我們情緒有所起伏（好壞皆然）事件的日子裡，記得要與所愛的人聯繫，向他們表達自己的情感。每個人都不希望忘了傳情達意，也都希望記得自己曾經表達過心意。也可以試著做些令自己害怕的事，讓你感到緊張的體驗，這樣可以喚醒杏仁核，而這些體驗產生的情緒也可以幫助記憶。

快樂記憶
小祕訣

做些讓自己害怕的事

創造更多回憶的第一步——走出舒適圈。

舞池裡，大家雙雙對對，靜靜地擁抱著彼此，她閉著雙眼。她把一隻手放在他的肩上，臉上浮現出淺淺的微笑。舞池的每一個女生的臉上似乎都掛著相同的微笑，二十對男女在空曠的舞池中繞著，不存在的樂團正演奏著音樂。卡羅斯・葛戴爾的《女人香》（*Por una cabeza*）在鞋子輕滑過地板的聲音間穿梭著。

我是在丹麥郊區長大的小孩。那裡的男人喜歡狩獵、釣魚，但鮮少跳舞。而且我舞技很爛。我真的以為手指僵硬和抿嘴是舞蹈動作的一部分。儘管如此，我一個大學女同學還是成功說服我去上探戈。但我整個人狀況外。

探戈沒有固定的舞步，只能且戰且走。靜靜擁抱著對方，走來走去，沒有計畫也沒有對話。要怎麼不靠言語，用平衡與施力和對方溝通？我不能想太多，必須靠感受。

我的第一堂課，老師在我和女同學胸口間擺了一個鈴鼓，要她把嘴貼近我的耳朵，我可以感受到她的呼吸。這個練習是要讓男方學會用胸口來引導女方前進的方向，而不是用手臂。

「用力壓著，不然鈴鼓會掉。」老師在我耳邊說。「再用力一點。對，很好。繼續、繼續。」那是我第一次上探戈，也因此開啟了我四年的學探戈之路。所以，好好想想你可以做些什麼來走出舒適圈，替未來打造回憶。

失智症會讓記憶離去，但愛不會消失

溫蒂．蜜雪兒（Wendy Mitchell）來自約克夏。她在英國國家健保局做了好幾十年的專案組長。她很有活力，經常跑步，爬山，並獨自養大兩個女兒——莎拉和潔瑪。

但是，二〇一二年九月的某個早晨，蜜雪兒到約克的烏茲河邊慢跑時跌倒了。摔得不輕，鮮血直流。她被送到急診室，在那裡接受照顧、治療。後來她又回到了河邊跌倒的地方，想要找到絆倒她的石頭或窟窿。她看到血跡時才想起那個地點，但是看不出到底是什麼絆倒了她。

再一次慢跑，又再一次跌倒，這樣反反覆覆，讓她有點不安，覺得自己變得有點遲鈍，沒以前機靈了。她知道不太對勁。二〇一四年七月三十一日，距離她第一次跌倒將近兩年後，蜜雪兒被診斷出罹患了早期阿茲海默症。

現在寫字對她來說比說話輕鬆，在代筆的協助之下，她寫下了《即使忘了全世界，還是愛著你》（*Somebody I Used to Know*）。這是個令人心碎的揪心故事，也讓我們深入了解會隨著記憶消失的一切；讓我們看見了與失智症共處的挑戰；讓我們看見從最愛的咖啡館找到回家的路竟如此困難；在廚房裡找到放茶的地方也成了問題。

但這也是個發人深省的溫馨故事。我們看見蜜雪兒如何掌控自己的人生。頑強又機靈的蜜雪兒懂得在尚有能力時，自己想辦法對抗這個疾病。她在身邊貼滿了便利貼，設鬧鐘提醒自己吃藥，在碗櫥貼上茶包位置的圖片。她買了台粉紅色的腳踏車，不是因為她喜歡粉紅色，而是粉紅色比較顯眼、比較不容易忘記。讀小說變得困難，所以她現在喜歡閱讀詩作和短篇故事。

但是最大的挑戰是，失智症似乎會從我們身上偷走我們最寶貴的記憶。每一夜，小偷都會擄走一點比財產更珍貴的東西。蜜雪兒當然也努力抵抗著回憶小偷。她盯著一張一九八七年的照片瞧。照片上有沙灘；藍天；當時分別六歲和三歲的兩個女兒對著鏡頭笑著。蜜雪兒試著想要記住所有細節，但是一想到有一天她將會忘記兩個女兒微笑的臉龐，她的心就碎了。

蜜雪兒打造了一間「回憶房」，在房內牆上貼滿一排排的照片。她會替照片寫下註腳，標上地點、人物、原因等。其中一排是她兩個女兒的照片，另一排是她住過的地方，還有一排是她最愛的景緻——湖區和黑潭沙灘。

「我坐在床邊看著眼前的照片，感覺到相同的寧靜和幸福。當心裡的記憶被掏空時，這些外在的記憶是不會改變的，會一直都在，成為我的提醒，是我對幸福時光的感受。」她這樣寫道。

蜜雪兒用書架來比喻不同的記憶系統。有放置事實的書架和放置情感的書架。事實書架很高、比較不穩，最近期的記憶在最上層；情感書架則比較矮、比較穩固。

「我們不會忘記情感，因為情感存在不同的腦區中。」蜜雪兒在《衛報》書評線上廣播的訪問中提到。「我們每天都會忘記細節和事實。好比我明天就會忘記今天我們在這裡說了些什麼，但是我會記得來到這裡的感受。我們必須記得情感書架上的東西，因為我們雖然會忘記自己愛過誰，但我們會記得對這個人產生的感情。」

或套美國詩人、歌手、民權鬥士瑪雅・安吉羅（Maya Angelou）的話來說：「我發現人會忘記你說過的話，會忘記你做的事，但是不會忘記你帶給他們的感受。」

蜜雪兒現在是阿茲海默症協會的大使。她不遺餘力地協助健康醫療從業員、照護員以及失智症患者，也努力想要洗刷失智症被染上的汙名。有興趣可以上「今天的我是哪個我」（Which me am I today，whichmeamitoday.wordpress.com）追蹤蜜雪兒的網誌。

快樂記憶
小祕訣

十年考驗

決定要做什麼的時候，想想十年後，你比較有可能記得什麼事。

這二十年來，我常和我朋友米克還有他爸阿能一起出航。我們會在丹麥的島嶼間航行，開到瑞典峽灣，途中灌個幾杯愛爾蘭咖啡。我們這樣一起出航已經太多年了，要記得哪一次是哪一次並不是那麼容易。

於是今年我們決定來點不一樣的。我們在亞得里亞海租了艘帆船，在特羅吉爾、米歐納和赫瓦爾島等小鎮靠岸。這些小鎮上有窄巷和石頭建成的堡塔，堡塔使用的建石在日落的陽光照耀下閃閃發亮，可以作為《權力遊戲》的君臨城場景。今年還有阿能的女婿丹尼加入。丹尼的特殊海盜技能是知道船上組員什麼時候需要來杯義大利調酒「Aperol spritz」。

某個下午，快抵達赫瓦爾的時候，我們在一個海灣拋下了船錨，打算在那裡吃午飯、游個泳。一群藍色小魚聚集在我們的船尾。海水清澈透明，放下船錨時，可以看見船錨一路沉到水底。

地圖上（大約在赫瓦爾西邊兩公里處），這個海灣看起來就像里約熱內盧的基督像。所以我們很自然地替它取名為耶穌灣。

隔天，參觀完赫瓦爾的城堡後，米克和丹尼提議租借水上摩托車，下午騎回耶穌灣。我對水上摩托車一向沒興趣，我不喜歡速度，也不喜歡機器。我的冒險精神在於解開困難的填字遊戲以及閱讀超長著作。我早就計畫好下午要在船上閱讀。

但是當我捫心自問：「十年後，你比較容易記得什麼？」水上摩托車勝出了。一小時後，我們在水上馳騁著，乘著一波波海浪跳躍，繞著沿途經過的無人小島打轉，狂飆奔回耶穌灣。那個午後令我印象深刻。米克對我說：「每次靠近你的車的時候，都能看到你臉上大大的笑容。」真的，我很久沒玩得這麼開心了。

晚上我們喝著蘭姆酒，聽著布魯斯．史普林斯汀和滾石樂團的歌，開玩笑吵著我倒栽蔥掉到水裡究竟是誰的錯。

是米克的錯。

所以之後規畫休假時，記得用十年考驗來選擇活動。十年後，我會記得什麼呢？

情境學習能改善學習動機和長期記憶

情緒螢光筆有強大的力量可以幫助記憶，學校也開始運用這種方式，藉由情節記憶來加強語意記憶。

「當時有個女學生在考歷史。她是特殊學生，在以前的學校表現不太好。」丹麥厄斯特史克夫寄宿學校的校長梅斯說。這間寄宿學校有九十名學生。「她被問到羅馬共和國的參議體制時，我看她的老師好像有點緊張。但她清楚地概述了古羅馬政府的作業機制，以及這個體制如何影響整個羅馬共和國。她最後的成績換算成美國評分是A⁻。」

學生要離開考場時，考官問她：「妳怎麼這麼了解這個主題？」

「沒那麼難，」女學生回：「因為我身臨其境。」

丹麥的「課後學校」是專收十四至十八歲年輕人的寄宿學校。學生可以選擇在這種寄宿學校花一至三年的時間完成他們的初等教育。有些學生會在完成初等教育後，額外空出一年讀寄宿學校，之後再上高中。

厄斯特史克夫寄宿學校的特別之處在於他們用「實境動作角色扮演」（Live Action Roleplaying）來教育學生。實境動作角色扮演揉合了《龍與地下城》遊戲（Dungeons and Dragons）和內戰重現遊戲的特色。學校每週會出一個主題，每個學生會被分配到一個角色跟一個任務。學生可能會扮演非營利組織，要在氣候高峰會試圖影響世界各國的立法者；也可能扮演華爾街銀行家、古羅馬參議員，或是在布魯塞爾商討歐洲未來走向的外交部長。

在羅馬共和國週，學生扮演古羅馬的貴族世家。他們必須想辦法提升權力地位，名留青史。在數學週，學生運用三角學解決供水問題，用水道橋連結羅馬的高架水壩。在物理週，學生學習鐵的相關知識，包括鐵的特性、哪裡可以找到鐵礦，以及為什麼某些鐵礦比較適合做羅馬軍兵的劍和盾牌。在德國週，學生要向說德語的人口販子買奴隸來做收成工作；為了買到好工人，學生就有動力學習單字。而在德國週的尾聲，德語老師會扮演一名替族人宣示領土的哥德軍閥，學生必須想辦法談條件換取德國的和平。

丹麥奧爾堡大學學習與哲學學院教授麗莎・葛（Lisa Gjedde）主持的一項研究顯示，實境動作角色扮演教學法可以改善學習動機以及長期記憶。接受這種教學的學生的學業成績則是持平或有所進步。

快樂記憶
小祕訣

自嘲化解尷尬

分享尷尬故事，擊退尷尬癌。

我還清楚記得我到丹麥外交部報到頭幾天的事。丹麥外交大樓位在哥本哈根市中心的河邊，裡面有好多經典的丹麥設計。我還記得我在三樓，在鋪著地毯的長廊上走向我的辦公室。我還記得第一次見到其中一位新同事蘇尼的情景。地點在非洲事務辦公室。

我們小聊了一下，然後我記得蘇尼說了這句話，一字不差：「不好意思，但你好像踩到什麼了。」

沒錯，就是狗屎，大坨的，多到好像快把我整支鞋淹沒了。我弄髒了新辦公室的地毯，還有長廊的地毯也是。我丟臉丟了一百公尺。

如果你有時只是走在路上，就忽然想起好幾年前幹的糗事，別擔心，大家都一樣。

尷尬不會消失，但你可以自嘲解圍。這會是你的個人風格，專屬你的幽默。我發現當我駕馭自己的尷尬時刻並自嘲一番時，就不那麼尷尬了。

我在外交部第一天的故事就印在幸福研究機構員工手冊的第一頁。我希望我的新同事能明白，不管他們在第一週犯了什麼錯，都不會比我慘。

此外，有時我在做簡報時會用「丹麥A片」做開場，讓大家知道英語不是我的母語，如果哪裡不清楚，歡迎舉手發問。你也可以想想如何使你的尷尬時刻變成有趣的小故事，藉此化解尷尬。

Chapter 6

捕捉高峰與低谷

運用「峰終定律」抓住事件中情緒最高峰或尾聲的感受，就是留下記憶的關鍵點。歷經挑戰的艱辛過程，也一樣讓人難以忘懷。

峰終定律：最大記憶點，就在最高潮與結尾

問你一個問題。試想，在你下一次假期的尾聲，你會忘記一切。

你不會記得京都寺廟的美，不會記得攻頂富士山，當然也不會記得在東京的卡拉ＯＫ完美呈現披頭四的《昨日》這首歌。記憶沒有了，照片也沒有了。

我要問的問題是，若知道在下一次假期的尾聲你得吃下會導致失憶的藥，你會忘記一切，那你會如何規畫假期呢？如果你可以體驗，卻沒辦法記住你的體驗，你會做些什麼呢？

這個思想實驗由普林斯頓威爾遜學院心理學與公共關係榮譽教授，暨普林斯頓大學尤金希金斯心理學榮譽教授丹尼爾．康納曼（Daniel Kahneman）首先提出。康納曼雖不是經濟學家，卻在二〇〇二年獲得了諾貝爾經濟學獎。他也獲頒美國心理學會的心理學終生傑出貢獻獎，以及歐巴馬總統的總統自由獎章（Presidential Medal of Freedom）。太多獎項，不好記，反正就記得他

是行為經濟學界的碧昂絲就好。

康納曼的許多研究中，有一項探討到「經驗自我」（experiencing selves）與「記憶自我」（remembering selves）感受幸福的方式有所不同。經驗自我活在當下，或是說，經驗自我一次只活三秒，一輩子會活五億次，然而記憶自我相較之下比較持久，也會努力記錄下所有的經驗。換句話說，記錄我們人生故事的是記憶自我。

回頭再來談假期。對經驗自我來說，假期的第二週跟第一週一樣棒。所以兩週的假期會比一週的假期好一倍。但是對於記憶自我來說，如果第二週和第一週的活動差不多，就不會有額外的記憶，所以沒有額外的好處。都是一樣的故事：去了坎昆（Cancun），海水很溫暖，喝了瑪格麗特調酒，很好玩。

這是個思想實驗。但是也有實際實驗的結果顯示經驗自我和記憶自我兩者不同調。康納曼和他的研究團隊在一項實驗中請受試者把一隻手放入攝氏十四度的水中六十秒。冷水安全國家中心把攝氏十四度定為「非常危險」

（在丹麥，十四度叫夏天。說明一下，該實驗的受試者是美國加州大學的大學生）。以上是該研究中的第一項試驗。第二項試驗中，受試者要把另一隻手放在攝氏十四度的水中六十秒，六十秒後，手要繼續在水裡停留三十秒，這三十秒中水溫會慢慢上升至攝氏十五度，還是很冷，但是受試者在實驗中回報不適程度時，大多表示不適感有大幅改善。

受試者在做完兩次試驗後，可以從兩個試驗中選擇要再重複哪一次試驗（攝氏十四度的六十秒短版，或十四度六十秒後再加十五度三十秒的長版）。絕大多數的受試者都選擇重複第二次試驗，也就是痛苦程度跟第一次試驗一樣，而且還加碼的版本。顯然這些受試者喜歡痛苦。

康納曼的研究顯示，在事後評估經驗時，經驗的時間長度不是那麼重要；事後評估通常取決於該經驗最痛苦的部分以及事件的尾聲。這就叫做「峰終定律」（peak–end effect）或「峰終法則」（peak–end rule）。

康納曼和他的同事用影片反覆測試峰終定律，讓受試者觀看他人受苦的影片。他們甚至也用大腸鏡來做實驗。

接受大腸鏡檢查的病患隨機分成兩組。第一組接受一般的大腸鏡檢查；第二組人也接受同樣的檢查，不過大腸鏡留在體內的時間多了三十秒，但沒有移動，雖然會感覺不舒服，卻不至於疼痛。

康納曼和他的團隊發現，請病患評估這次檢查時，比起進行一般大腸鏡檢查的病患，大腸鏡留在體內時間較長的受試者回報的不適程度較低。而且檢查時間較長的第二組病患比較願意回診進行後續檢查，因為檢查接近尾聲時痛苦程度降低，讓他們對檢查留下了比較正面的印象。

根據康納曼的說法，峰終定律表示人對於過去體驗（不論好壞）的記憶，並非建立在對該事件整體的正面或負面感受，而是在事件最極端和最尾聲的階段。

這麼說我們的記憶滿霸道的。霸道的記憶自我把體驗自我拖到較令人不快的體驗之中。就這方面來說，我們的記憶自我是個討厭鬼。

許多相關研究都證實了峰終定律。除了痛苦，峰終定律也可以套用在實質的好處上，例如萬聖節糖果。

美國達特茅斯學院的研究員愛美・杜（Amy Do）、亞歷山大・路伯特（Alexander Rupert）和喬治・沃福特（George Wolford），選了一間萬聖節晚上常有小孩造訪的房子來進行這項實驗。

萬聖節這天共有二十八個來要糖（搗蛋）的小孩，平均年齡大約十歲。這些小孩拿到不同的糖果組合，研究員會請他們根據拿到的糖果回報快樂程度。一共有七種不同的快樂程度，分別以表情符號表示，從無感的表情到笑開懷的表情。有些小孩拿到了一整塊賀喜巧克力，有些拿到了一塊口香糖，有些先拿到賀喜巧克力再拿到一塊口香糖，有些則是先拿到一塊賀喜巧克力後再拿到一塊巧克力。你大概以為拿愈多巧克力的小孩愈快樂。但事實上，只拿到巧克力的小孩卻比先拿到巧克力再拿到一個口香糖的小孩快樂。拿到兩塊巧克力的小孩也不會比只拿到一塊巧克力的小孩快樂。

另一個類似的研究中，五名荷蘭教學教育研究員探討峰終定律如何影響孩童聽到同儕回饋時的感受。

共有七十四位年約十歲的小學生參與實驗，研究員告訴受試者，同學會針對他們的行為給予評價，例如：「你覺得麥克和班上其他同學有良好的溝通嗎？」或「你覺得麥克守規矩嗎？」評分機制為「否」、「差強人意」、「尚可」、「不錯」以及「非常好」。

實驗首先會請受試者評估其中兩位同學，接著受試者會收到給自己的回饋。參與實驗的學生會以為自己收到的回饋來自同學，事實上則是研究員設計的回饋單。說到這裡，得先告訴你這些孩子的家長都知

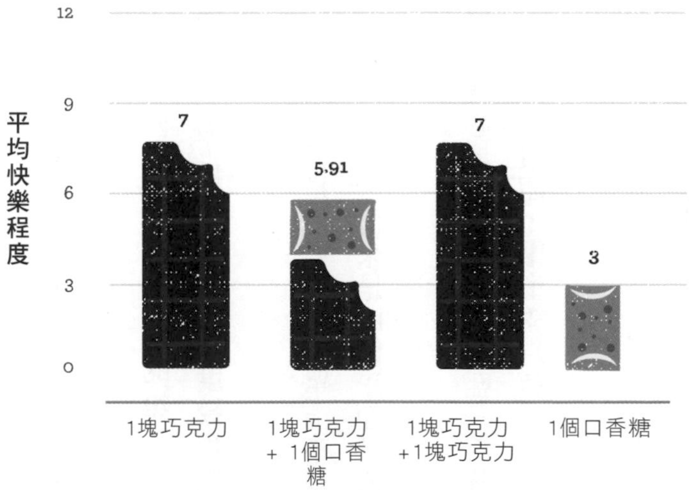

資料來源：Do, Rupert and Wolford, 'Evaluations of Pleasurable Experiences: the Peak-End Rule', Psychonomic Bulletin & Review, 2008.

道實驗內容，也同意參加實驗；孩子也都事先測過是否有憂鬱或焦慮的情形，該實驗也經過鹿特丹伊拉斯姆斯大學心理學院倫理委員會的審核批准。但我還是覺得有點壞。

實驗中有三十位學童收到（一）有四條負評（否）的第一份回饋單（二）另一份回饋單，其中有一條負評，緊接在後則是程度較輕微的負評（差強人意）。

另外四十四位學童也收到了兩份回饋，但是他們的回饋單上不是負評而是正面評價，先收到的是四條正面評價（三），再來是四條正面評價再加上一條一般正面評價（四）。

接著研究員會問學童拿到回饋是否開心，並要他們以零至一百分來評估自己再進行一次同儕互評的意願。結果如同預期，學童認為負評令人相當不開心，而正面評價令人相當開心。

收到負評的學生喜歡（二）勝過（一）——結束於程度輕微負評的回饋；而收到正面評價的學生喜歡（三）勝過（四）——最後少了一般正面評

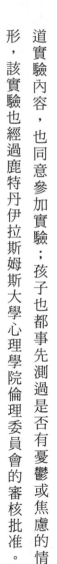

價的回饋。

這份研究指出，把最好的評價放在回饋單的最後，可以讓學生心情比較愉快，以及回饋的順序可能對學習動機、學習情況以及同儕關係有所影響。

這告訴我們，在創造記憶的藝術中，要記得結尾很重要，高峰也很重要。而有時要創造高峰會需要一番寒徹骨，但是為了留下令人難忘的經驗，寒徹骨不見得是壞事。

快樂記憶
小祕訣

停在高峰

把最好的留到最後。

許多不同的研究都證實了我們對某件事的記憶，深受其高峰與結尾的影響。所以，如果你打算一次送好幾個耶誕禮物或是生日禮物，記得把最好的留在最後送。此外，因為期望效用（remembered utility）對未來的選擇大有影響，所以如果你希望孩子之後會想再參與某項活動，就要確保活動的結尾很嗨。

過程愈辛苦，印象就會愈深刻

去年我到羅馬參加世界幸福報告發表會。參加研討會以及和其他幸福研究員交流之餘，我在羅馬還有另一個任務：找到我想要的羅馬古錢幣。這不是一般的羅馬古錢幣，是背面有羅馬女神斐麗西達（Felicitas）的古錢。

斐麗西達象徵和平、繁榮與福氣。錢幣上的斐麗西達一手拿著稱作豐饒之角的羊角，象徵富足與滋養，另一手持短杖，杖上繞著代表墨丘利（Mercury）的兩條蛇，墨丘利就像是羅馬版本的希臘神祇赫爾墨斯（Hermes），象徵貿易與繁榮。

幸福研究機構最近在替哥本哈根幸福博物館蒐集館藏，該博物館預計於本書出版後開幕。幸福博物館會展覽幸福科學，內容包含如何測量幸福、幸福大解析、幸福位於大腦的哪個區塊、幸福地圖、為什麼某些國家比較幸福、幸福史，以及幸福的觀念如何隨著時代演進。這個羅馬古錢幣會是館藏的一部分。

雖然網路上就能買到這個錢幣，但是我想親自到羅馬找，因為這樣可以寫下更好的回憶。沒錯，到羅馬找比上網放入購物車更費工。我查了一下，在羅馬找到了三間古錢幣商店。第一間就在旅館靠近梵蒂岡附近的街角。這是間小店，店面大概只有七平方公尺大，東西不怎麼齊全，沒有我想要的女神錢幣。我走到科爾索大道上的第二間店，科爾索大道是羅馬最大的商店街。我在街上找了好一陣子才發現這間店不久前收掉了，現在變成了服飾店。於是我把希望寄託在第三間店，位於屠宰場街上的集郵中心，距離西班牙階梯步行只要五分鐘，在一條狹窄的巷子內。雖然我說「步行」，但那天已經晚了，擔心店打烊的我跑了起來。我找到了這間店，告訴店裡的人我的來意。

「可能有喔，」他說。「但要找找。」

這間店的錢幣是依照正面的皇帝排序，不是背面的圖案，所以我們把上百個錢幣一個一個翻過來，用放大鏡看背面的圖案。放大鏡！多酷！這才發現我很少使用放大鏡。

過了四十五分鐘，斐麗西達忽然現身放大鏡底下。錢幣的正面是在羅馬當了三年黃帝的塞普提米烏斯．蓋塔（Publius Septimius Geta）。蓋塔是塞提米烏斯．塞維魯（Septimius Severus）的小兒子（康莫德斯的後繼者，在電影《神鬼戰士》中被羅素．克洛痛扁的那位）。蓋塔和他的哥哥卡拉卡拉同為皇帝，共治羅馬（大概是要顯示羅馬帝國很有「深度」），他們在父親臨終前誓言不會分裂。但是塞維魯死後不出幾個月，兩個兒子就分了派系，開始爭權。卡拉卡拉假裝想在母親家中談和解，實際上是想暗殺蓋塔。後來卡拉卡拉下令要把弟弟的雕像、錢幣和人像全部銷毀，為了要使眾人忘記蓋塔。

這讓我想起心理學家桃樂絲．羅伊（Dorothy Rowe）曾談論過兄弟姊妹之間的爭論內容。手足小時候會在父母前爭寵，但是隨著年齡增長，手足吵架的內容會變成在過去的共同經歷中，究竟誰的記憶最真實、最準確。

不過卡拉卡拉沒有成功，而我也找到我要的錢幣了。在經歷了一場小探險，使用了神奇的放大鏡，終於找到了。

這些艱辛會讓這段經歷更加值得回憶。幸福研究機構的快樂記憶研究中，百分之二十二的回憶含有高峰或低谷的經歷。有時回憶的主軸甚至全是低谷。試想如果印第安納瓊斯被法櫃絆倒（「喔！原來我放這！」），或是他上eBay買聖杯，這兩個故事拍出來的電影都會很鳥。克服困難才值得歡慶。高峰之所以為高峰，正是因為需要我們先往上爬。

對了，我想親自找這個羅馬古錢幣，還有一個原因是我想找機會說出印第安納瓊斯的台詞：「這東西屬於博物館。」

但可惜老闆聽不懂。

快樂記憶
小祕訣

考慮繞個遠路

把過程變成體驗的一部分。

在這個耐性有限、及時行樂的年代，要對事物留下更深刻的印象，有個方法是延遲完成時間。花五個小時攻頂的體驗會比花十五分鐘搭纜車上山感受更深。去某些地方，搭火車似乎比搭飛機更好。雖然火車比較慢，但你會更享受這趟旅程。旅行密技就是選擇搭火車。

挑戰愈困難，勝利愈甜美

對我來說，看足球賽就像是觀察小草在人類踐踏之下如何生長。我從來不懂二十二個人追著一顆球跑有什麼好看。瘋足球對我來說跟瘋摺紙藝術一樣。

想像一下每天晨間新聞的尾聲都會播放摺紙比賽的最新賽況。中國隊折了一隻天鵝——以八十八摺戰勝了法國隊。緊接著會播出重大賽事的廣告——巴賽隆納對馬德里之戰（摺紙界的死對頭）。上一季，巴賽隆納隊的主將高橋以十二億美元的金額被馬德里隊挖走了。結果巴賽隆納的支持者「碎紙機兵團」暴跳如雷，還攻擊了馬德里隊的支持者。

上班途中，你會看到告示牌上有摺紙達人的照片。廠商砸下幾千萬請達人代言精品皮包、汽車、香水——Calvin Klein 的Ａ４。到了公司，你去裝咖啡，和同事道早安時，同事問道：「你昨天晚上有看摺紙大賽嗎？法國參加世摺盃絕對會輸慘。」世摺盃，就是世界摺紙盃。為期四週現場轉播男人在那裡折天鵝、折海豚、折長頸鹿。好刺激！女人也折，但是女摺紙達人的薪水大概只有男性的十分之一。

達人退休後便擔任賽事評論。「各位觀眾！他居然要折河馬！他要折河馬了！膽子好大。高橋經典戰術。啊！慘了！他被紙割傷了！不！本季他GG了！日本隊會因此受到重挫。」

各國的目標都是參加世界摺紙盃，唯獨美國不然，因為他們用的紙張尺寸不同（比A4短一點、寬一點），所以美國隊只能參加其他比賽。上酒吧時如果旁邊站著一群男子，你會聽到他們激動地討論著A4和美規（八乘以十一英吋）哪個好。「這位先生！A4是折不出漂亮長頸鹿的！」

當天晚上晚餐時大家討論的話題是美國摺紙冠軍被發現使用禁藥的新聞。他在大拇指和食指植入了小塊鐵片，這樣就可以折出更銳的角度。

「生日快樂！」下班後聚會時朋友們說。「謝謝你們呀！」你邊說邊拆著他們送的禮物。是一本書，是本回憶錄，高橋的《摺紙大解密》（*Unfolded*）。

長話短說，我對足球沒興趣。抱歉，我非抱怨不可，因為其實我二〇一八年最喜歡的一項研究正好和足球有關。這項研究是彼得．多爾頓（Peter Dolton）和喬治．馬卡龍（George MacKerron）的〈足球是攸關生死的大事嗎？還是比生死更加重要？〉（Is Football a Matter of Life and Death – or is It More Important than That?），出自英國國家經濟社會研究院。

這項研究探討足球比賽結果對球迷快樂程度的影響，用一款叫「Mappiness」的應用程式蒐集了來自三萬兩千人的三百萬筆資料，是隸屬倫敦政經學院的研究計畫。計畫目的是要了解環境如何影響人的感受。該研究的受試者會在智慧型手機上收到訊息，請他們回答一份小問卷，問卷中的問題包含受試者此時此刻的幸福程度：他們感到多快樂，多放鬆，多清醒。受試者也會被問到跟誰在一起、在哪裡，以及正在做什麼。在做什麼的問題中有四十個選項可以選擇，其中包括參加體育活動。該研究也蒐集受試者的手機定位資料，這樣研究員就可以作出假設，如果每次曼聯隊打主場的時候，你人都在老特拉福德球場（Old Trafford），還抓包你翹班到現場為曼聯隊加油打氣，那你很可能是曼聯球迷，所以曼聯贏球或輸球就會影響你的快樂程度。研究員可以使用這項數據在不同隊伍比賽時，比較比賽結果和下注情形。

這項研究發現，若不在現場觀賽，比賽過後一小時，你支持的隊伍贏球、平手、輸球的幸福邊際效應分別為二點四、負三點二和負七點二。若在現場觀賽，贏球會讓你的幸福感提升至九點八，平手比較不會那麼難過，只有負三，但是輸球的感受就會更加深刻，分數為負十四。

這支持了損失規避說（loss-aversion affect），比起享受勝利，我們更痛恨敗北。該研究也發現人會有所期望——如果我們（根據下注情勢）預期輸球，最後卻贏得勝利，那麼這個勝利會更為甜美。同樣地，若球迷預期會贏球，最後卻落敗，那麼便會更感悲傷。

當然（對某些人來說），比賽本身以及對觀賽的期待就很令人愉悅。賽前的幸福程度會出現很大的高峰。總而言之，研究結果整體來說可以證實「輸球對人產生的負面影響比贏球對人帶來的正面影響大」。輸球對人產生的影響也比較久，負面影響的程度大約可以高達贏球正面影響程度的四倍。

簡而言之，足球球迷很不理性。從幸福的角度來看，最好不要迷足球。追足球賽事累積下來的影響很負面。儘管如此，瘋足球可以是快樂記憶的原料。快樂記憶研究的受訪者中有一個美國「足球媽媽」：「我看著女兒替高中足球隊踢進的第一分，那是當季第一場比賽拿下的第一分，也是她的高中五年來和別的高中比賽第一次得分。」

峰終週末：週末比較幸福

所以，一週中哪一天最有可能出現快樂記憶呢？最快樂的日子是哪幾天？最不快樂的日子又是哪幾天？這感覺是個簡單的問題，但是答案卻沒那麼簡單。

這項研究也花了兩個月蒐集兩萬兩千人的數據，想要找出一週中哪些日子對幸福有什麼影響（週一除外），結果是週二最慘。研究員提出的其中一個解釋是，週一的週末效應尚未退去，到了週二，週末效應不再，但是還要好久才到週末。然而另一項由雪梨大學兩位學者策畫，刊登於《應用社會心理學期刊》（*Journal of Applied Social Psychology*）的研究發現，大家在週一情緒最低落。第三個研究則發現七天間沒有差異。所以憂鬱星期一的說法仍待查證。

不過許多不同的研究都發現到了週末效應的情形。對很多人來說，週末是一週的高峰。許多人表示週五、週六和週日的幸福程度很高。有些研究顯示週日的幸福程度會下降，因為大家知道週末要結束了。

週末的幸福程度比較高的原因有：比較有自主權、比較放鬆、和其他人的互動比較多。週間不可抗拒之力較多，還要面對時間、開會、主管、交期等壓力。我們被迫要花時間與不一定合得來的人相處。在週末，我們比較有餘裕可以選擇自己喜歡的活動，花時間與我們最喜歡的人在一起。當然，很多人週末要上班，也有很多人不走傳統的朝九晚五作息，這些人的數據就會有所不同。

結論就是，一般而言，我們在週末比較幸福。感謝大數據賜給我們這小智慧。然而好好運用康納曼的峰終定律可能會對我們很有幫助。如果讓一週結束在快樂情緒的巔峰，往後便會對那一週有更美好的回憶。

「到底家事誰做得多？」的記憶糾紛

二〇一〇年，線上提供家事管理服務的「Cozi」公司進行了一項調查，問七百名有小孩的男性和女性他們負責哪些家事，例如：購買生活用品、買禮物、家庭財務規畫、安排與規畫行程。

這個調查基本上就是在比較媽媽和爸爸在家裡做些什麼事，或是他們「認為」自己做了些什麼事。

舉例來說，男性認為百分之五十五的安排與規畫行程是由他們負責，然而女性認為百分之九十一的安排與規畫行程是由她們完成。兩者相加是百分之一百四十六。調查中的其他家務也是一樣，男女聲稱負責的家務分量加總都超過百分之百。

這是怎麼回事呢？在社會科學中，常會碰到「社會期許誤差」的問題。「你多人會過多著墨自己的好行為，因為我們希望別人眼中的我們是好的。「你多常捐錢給慈善機構？」「嗯，很常呀。正好我手上有些錢，拿去吧。希望你喜歡我。」就連線上匿名的調查都不能排除社會期許誤差的問題。我們喜歡當好人。

但是，我們的記憶可能也是個影響因素。舉購買日用品為例，男性和女性都認為自己是這項家務的主要負責人。男性認為自己負責百分之四十六的採買，女性則認為自己負責了百分之七十七。加起來是百分之一百二十三。

這也可能單純是因為我們若做了家事，記憶就會比較清晰。我在買菜時，會體驗到尋覓朝鮮薊的艱辛過程（找了三間店才找到），體驗到結帳時排到很雷的收銀員（蘋果一顆顆秤重再貼上價格標籤），體驗到提著很重的袋子回家（我為什麼要把重的東西全放在同一個袋子裡！）

但是若是對方去買菜，我的體驗就會是：「朝鮮薊好吃耶！喔！有買牛奶，很好。」這種記憶比較不深刻。
我第一次讀到這個研究時，很想打電話給幾個前女友。

	男性認為自己做的比例	女性認為自己做的比例	合計
安排與規畫行程	55	91	146
開學採買	57	88	145
假期禮物採買	60	80	140
購買家用品	46	77	123
住宅修繕維護	79	37	116
家庭理財	70	62	132
園藝工作	69	42	111
季節布置	65	63	128

Chapter 7

說故事
讓回憶永遠保鮮

「你還記得那時我們……嗎？」
與大家分享故事，讓記憶歷久彌新。

「今年夏天我和我先生還有小孩，去了一個寒冷又颳著風的瘋狂海灘，」幸福研究機構的快樂記憶研究中，一位三十幾歲的英國女性受訪者寫道。

我們決定在火堆上煮粥、烤燕麥餅乾當早餐，但最後只吃到沒煮熟的粥，跟橡膠一樣的燕麥餅，還有一堆沙子調味料。那時有好多歡笑，是一段無與倫比的家庭時光。

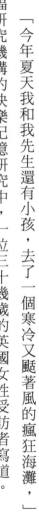

被問到她覺得自己到今天還記得這件事的原因時，她回答道：「雖然每件事都搞砸了，但那是我這一生最有趣的經驗，而且還有家人共同參與。沒有電話、沒有電視，只有我們四人裹著大毛毯，看著大浪拍上岸，蜷縮在火堆旁邊，吃著可怕的食物，身上還披著一層沙。」

我好喜歡這個故事。如果我們不幹些蠢事，如果事情都很順利，就沒有故事可以說了。我確定這會是這家人最經典的回憶。共同的故事能夠連結人心。快樂記憶研究蒐集到的資料中，百分之三十六的記憶之所以成為受訪者的記憶，是因為這些記憶成了趣聞軼事。

此外，寫下精彩人生故事的能力會影響我們的幸福。我們是不停想著自己的失敗和錯誤呢？還是可以從困境之中找到一線光明？我們在講述人生故事、塑造我們這個人故事的著眼點，會影響我們對自己的認識。

美國伊利諾伊州西北大學的心理學教授丹．麥克亞當斯（Dan McAdams）做了一項研究，研究結果顯示，建構逆轉勝故事的能力可以提升一個人的心理健康與幸福感。逆轉勝就是起頭很糟但結尾變好的情形，舉例來說：冷粥＝很糟；與家人充滿歡笑＝變好。

聖誕筋肉人告訴我們喚起記憶便可以強化記憶。因此，我們如何把事件說成故事，就會如何記得該事件。故事是我們理解這個世界的方式。說出某個經驗故事就像是在彩排，在強化大腦訊息之間的連結，讓記憶更加值得回憶。或是如美國作家、政治運動分子穆瑞爾．洛基瑟（Muriel Rukeyser）在詩集〈黑暗的速度〉（The Speed of Darkness）中所言：「組成宇宙的是故事，不是原子。」

快樂記憶
小祕訣

蒐集可以述說故事的物品

這些物品要能說故事。

我看著我在家裡的辦公室，有圖畫、照片和一些物品。其中一幅畫是我祖父長大的農場。農場只有戶外茅廁，某天下午我祖父正在如廁時，聽到了貝荷那醫生車子的聲音。貝荷那醫生是鎮上第一個買車的人，所以聽到引擎的怒吼時，祖父就知道是他來了。我祖父想看看車子，便爬上窗往外看，但是他滑了一跤，摔到了便池裡。這不是什麼厲害的畫作，但能提醒我好奇心能推人入糞坑。

我還有張一九一二至一九一九年間拍的照片，照片上是西班牙詩人安東尼奧．馬查多（Antonio Machado）還有他在巴亞薩任教學校的其他員工。你應該還記得我的記憶隆起，我在巴亞薩寫作了三個月，這張照片是當時一個老師送我的，這位老師也是雜誌編輯，他的雜誌登了我寫的一則短篇。

辦公室一個櫃子上有台相機，是我爺爺在一九五八年送給我爸的。當年我爸大約十歲。這台相機在按下快門時會發出很大的金屬碰撞聲，提醒我時光飛逝，以及我們可以如何塑造過去留下的寶貴記憶。

環顧辦公室才發現，裝飾這間房間的不是畫作和物品，而是故事。

不是昂貴物品才能重現你的故事。如果你和家人有在寒冷、颳著風的海邊吃生粥的逆轉勝經歷，海灘上的一顆石頭就可以讓孩子想起那次有趣、瘋狂的體驗，讓家人的感情升溫。不過凡事都要適度。不需要搞成安迪．沃荷那樣。

把記憶說得活靈活現

你是否有以下經驗，在某個聚會中，有朋友講著有趣的回憶，例如提到他哥以前會直接挖罐子裡的黃芥末來吃，還會從罣丸處抓他家的狗，但你發現，他們說的正是你的故事？這是你的趣事，你的記憶，吃黃芥末、抓狗罣丸的應該是你哥約翰。

如果這事曾發生在你身上，那麼你就經歷了另一種跟記憶有關的現象：爭議記憶——大家都認為這個記憶是自己的親身經歷。

一項發表於二〇〇一年的研究中，當時皆任教於紐西蘭坎特伯雷大學的馬賽迪斯．席恩（Mercedes Sheen）和賽門．坎普（Simon Kemp）〈兩人目前於不同大學擔任心理學教授〉，以及當時於美國杜克大學任教的大衛．魯賓（David Rubin）對手足（其中也有雙胞胎）做了三項實驗。

其中一項實驗中，研究員給二十組成年雙胞胎看了四十五個提示詞，這些雙胞胎受試者要針對每一個提示詞回想一個回憶。二十組雙胞胎中有十四組出現了至少一則爭議記憶：總計共有三十六則爭議記憶。其中十五則是舊有爭議，但是有二十一個爭議記憶是在實驗中發現的。

這些雙胞胎性別相同，實驗時的平均年齡為二十七歲，爭議記憶發生的時間落在雙胞胎五歲至十四歲之間。

其中一例，兩人都認為自己在國際越野長跑賽中拿下第十二名；另一例中，兩人對看到鼬鯊時究竟是誰跟父親一起在船上有了爭執；第三組則是兩人都相信自己從牽引機上摔下來，扭傷了手腕。至於吃掉半罐黃芥末並且從罣丸處抓狗的事件，兩人都認為是另一人幹的。我建議傳喚狗本人上證人席。

第二項實驗中，年齡相仿的非雙胞胎手足也出現了究竟誰是事主的爭論，不過沒有雙胞胎組這麼頻繁。雙胞胎確實比較容易是記憶的共同事主，他們年齡相同，相較於一般手足比較有機會有相同的經歷。

在第三項實驗中，研究員發現相較於沒有爭議的記憶，爭議記憶的印象更為深刻清晰，更有畫面，更能重現情緒。其中一個原因可能是因為，這些記憶原本就是爭議記憶，受試者會想說服研究員這個記憶屬於自己。

但是這些記憶究竟為什麼會出現爭議呢？為什麼兩個人或更多人，會出現相同的記憶呢？

嗯，如果你是鑽石級陰謀論者，你可能會說這是「母體錯誤」。但這也有可能是所謂的「記憶來源」（memory-source）問題導致。

我來舉個例子。我之前寫了一本關於「hygge」（創造美好氛圍的丹麥風格）的書，談到hygge的時候，我常會用以下故事來解釋：

某年十二月聖誕節前夕，我和三五好友在一間小木屋共度週末。那天是一年中白晝最短的日子，靄靄白雪覆蓋著周圍的景物。約莫下午四點，太陽下山了，接著要再等十七小時才會重見天日，於是我們便入內生火取暖。大家都走累了，也都很睏。我們在木屋內的壁爐旁圍成一個半圓，穿著大毛衣和羊毛襪。唯一能聽見的，是燉菜的沸騰聲、壁爐的火花聲，以及啜飲香料酒的聲音。然後一個朋友打破了沉默。

「還有比現在更 hygge 的氣氛嗎？」他這麼問。

「有。」過了一會兒，有個女孩回答道：「若是外頭刮著暴風，就更好了。」

眾人點頭表示同意。

去年我在聖彼得堡分享了這個故事，後來一位聽眾說她聽見了壁爐的火花聲。人有時候會想辦法賦予故事生命。為了讓故事更活靈活現，當天的聽眾運用自己的感官來體驗這個故事，這可以靠自己的經驗來達成。聽到這則 hygge 故事的時候，你可以從自己的經驗中得知生火的火花是什麼聲音、乾燥木材冒出的煙是什麼味道，還有火苗在紅、黃、藍三色中跳躍是什麼樣子，你會知道火給你什麼感覺——你身體的正面暖了，但後背還是冷的。

於是你把其他經驗、其他記憶來源的細節加到了我的故事裡。這下 hygge 故事就更加鮮明，融入了你個人驚豔的各種細節，你便可以開始相信這是你的故事、你的記憶。你感覺自己親眼見證了這一切，而事實上你是從別人口中聽來的，你腦中執導演筒的海馬忽然創意大爆發。

好的說書人可以把故事說得很生動。生動的故事會變成經歷，如此鮮活，讓你感覺身歷其境。也許我們能藉此幫助親密的人重建失落的記憶，並且能做到不著痕跡，他們也不會察覺這是記憶贗品。

集體記憶誤差的曼德拉效應

《鬥牛士》（*Matador*）是丹麥超受歡迎的電視劇，故事內容是在經濟大蕭條以及納粹佔領時期一個丹麥小鎮的生活。

有一集，焦慮剩女米斯嫁給了安德森老師。米斯說婚禮那晚準備行房時，安德森成了一頭「狂放的野獸」。因此，米斯就把安德森反鎖在陽台上，讓他整夜站在冷風中怒吼。

很多丹麥人都能描述出這個場景。安德森穿著睡衣對米斯大吼，狂敲著門。不過重點是，這部片從來沒有出現過這一幕，許多丹麥人卻相信自己看過這一幕。實際上，這是他們大腦想像力創造出來的畫面以及記憶。

這就叫做曼德拉效應（Mandela effect），也就是許多人對某件事出現錯誤記憶的現象。曼德拉效應一詞源於很多人有對曼德拉在八〇年代死於獄中的印象，還有對當時曼德拉的死訊以及葬禮電視報導的記憶。但事實上曼德拉不但獲釋，後來還當上了總統，一路活到二〇一三年。

你可能也是曼德拉效應的受害者。記得《星際大戰五部曲：帝國大反擊》中，路克對抗黑武士的經典場景嗎？

「你不明白黑暗的力量。歐比王從沒告訴你，你父親發生了什麼事。」黑武士說。路克回答：「他告訴我的夠多了！他告訴我你殺了他！」

問題來了，黑武士接下來說了什麼呢？很多人說是：「路克，我是你父親。」但那是假記憶。實際台詞是：「不，我是你父親。」

還有，前面既然已經提到《北非諜影》，應該還是要說一下，鮑嘉飾演的角色並沒有說：「山姆，再彈一次。」李克是用說氣急敗壞的口氣說：「快彈！」。

我們常出現錯誤記憶，就連世界級的重大事件也一樣。舉小布希看見九一一第一架飛機撞入世貿中心的記憶做例子。事件過後幾個月，有人問起他得知這起攻擊事件時的心情。

我當時在佛羅里達。我的幕僚長安迪．卡德……其實那時我在教室分享一個成功的閱讀計畫。坐在外面等進教室的時候，我看見了飛機撞入大樓的畫面——電視是開著的。我自己以前也開過飛機，我說：「這個機師好差勁。」又說了：「應該是出了什麼可怕的意外。」但我馬上被趕到教室裡，根本也沒時間多想。我坐在教室後，我的幕僚長安迪．卡德本來坐在外面，他走進來說：「又有第二架飛機撞上大樓，美國受到攻擊了。」

問題是當天早上並沒有第一架飛機撞入大樓的新聞畫面。小布希不可能看到他記憶中的畫面。我們的記憶自我偷聽到體驗自我說話的聲音，把這個故事變成了記憶。

該如何擺脫遺忘曲線？

你看的最近一部電視劇是？我的答案是《巴比倫柏林》（*Babylon Berlin*），這是一部很好看的德國犯罪劇，故事背景是一九二九年威瑪共和政權下的柏林。我可以很快作答，因為我昨晚才看。但是如果問題是兩個月前或一年前你看了哪部電視劇，就很難作答，搞不好還會答錯。

我們比較容易記得最近發生的事。首先探究這個現象的是德國心理學家赫爾曼．艾賓浩斯（Hermann Ebbinghaus）。艾賓浩斯對自己做了一個小實驗，於是發現了遺忘曲線（forgetting curve）。

他研究了自己記住由「子音—母音—子音」隨意拼出的音節的能力，這些音節本身沒有意義，也沒有聯想意義，例如WID或ZOF，但DOT就不算，因為DOT（點）是一個詞，BOL也不是，因為BOL聽起來像「ball」（球）。

順帶一提，我覺得艾賓浩斯會是個很好的管理顧問。「你Q4（第四季）的B2B（企業端平台）專案的KPI（關鍵績效指標）下滑了。應該是SEO（搜尋引擎最佳化）的關係，因為CR（轉換率）下降了，CPC（每次點擊成本）卻增加了百分之三十。」

艾賓浩斯在經過不同長度的時間後，會再次測試自己對這些音節的記憶，並且

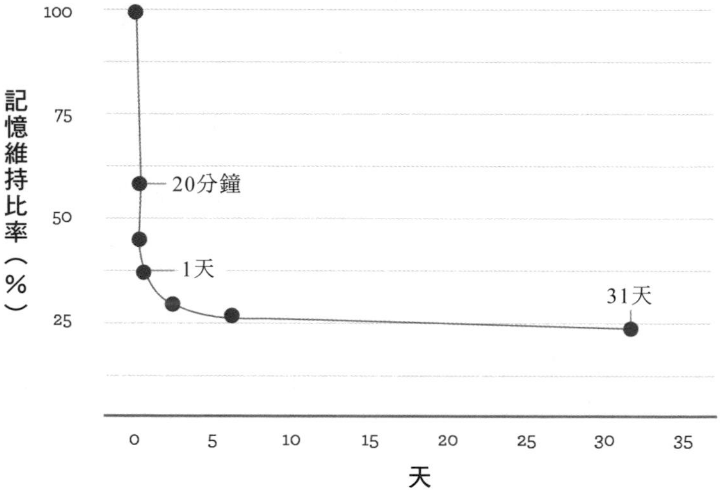

赫爾曼・艾賓浩斯的遺忘曲線

圖表中可以看見，如果不刻意留住記憶，記憶便會隨著時間消逝。二十分鐘後就會流失大約百分之四十的記憶，一天後流失大約百分之七十。

記錄結果。當時是一八八〇年代，沒有什麼娛樂可以選擇。

艾賓浩斯是首先用實際實驗來了解記憶作用方式的其中一名科學家。在他之前，對記憶研究最有貢獻的幾乎都是哲學家，而且都是使用推測或是觀察描述法。艾賓浩斯把自己記憶音節的能力標示在圖表上，成了今天所知的「遺忘曲線」。這個曲線顯示了隨著時間消逝的記憶。

快樂記憶小祕訣

快樂記憶要經常複習

重述快樂的過往，能幫助孩子或親密的人留住快樂記憶。

艾賓浩斯還有另一項發現：在一段時間後複習習得的資訊，就可以改變遺忘曲線的坡度。光是一直複習沒有用，每次複習間要留時間。在一個小時內針對你想記得的內容反覆練習二十次是無效的。事實既已在眼前，就不需要你刻意回想。你需要給大腦時間練習。資訊如果在一段時間後再被叫出來，大腦就需要重建記憶，而這個過程便會強化記憶，就像是使用肌肉，肌肉就會變壯。這種原則叫做「間隔重複」（spaced repetition），過了一段時間後再重複、複習我們想要學習的內容，時間的間隔要愈拉愈長。

我想所有家長都希望自己的子女可以擁有持久的快樂記憶，因此重述快樂記憶來幫助他們戰勝遺忘曲線可能會是個好辦法。

所以，如果你想要捕捉某個快樂記憶，希望子女可以留住快樂時刻，當天晚上跟他們說說這個快樂時光會是個好方法，但是記得隔天、一週後、一個月後、三個月後、一年後也都還要繼續拿出來說。

你最早的記憶是什麼時候？

「你最早的記憶是什麼？」

過去這一年中我問了好多人這麼問題。答案千變萬化，有的是得到一隻小狗，而我一個匿名朋友承認他最早的記憶是大人幫他換尿布。我最早的記憶發生在四歲。「你幾歲？」祖母問我。我把我一隻腿放到另一隻腿上，用腿做出數字「4」的形狀。我知道，比起小狗和尿布，我最早的記憶是有點無趣。關於兒童記憶，不同的研究有不同的結論，但是在記憶研究領域中似乎有一個共識，就是最早的兒時記憶平均會發生在大約三歲半的時候。

這並不是說我們就不記得更小的時候的事了。心理學家凱薩琳·尼爾森（Katherine Nelson）在八〇年代首先探討早期兒時情節記憶。她把錄音機藏起來，錄下小孩快睡著時的自言自語——搖籃裡的口述史。有位名叫艾蜜莉的小女孩，當時只有二十一個月大，她會說出當天發生的事。車子壞了，只好坐綠色的車。這顯然是情節記憶。

有些人說他們記得自己的出生，但是沒有證據來支持這是正確的記憶。佛洛伊德提出嬰兒經驗失憶（childhood amnesia/infantile amnesia）的概念，形容人類無法提取人生頭幾年的情節記憶。近幾年則有更多研究在解釋究竟哪些童年記憶會被記得。

威爾斯（Wells）、莫里森（Morrison）與康威（Conway）三位英國心理學家在二〇一四年發表於《實驗心理學季刊》（*Quarterly Journal of Experimental Psychology*）的研究中，探討了成年人回憶過往時可以記得哪些兒時記憶。

共有一百二十四名受試者參與實驗，受試者必須寫下最早的兒時記憶，正面記憶兩則、負面記憶兩則，結果共蒐集到四百九十六則記憶。受試者必須針對每一個記憶回答九個相關細節：當時有誰在場？在哪裡發生？天氣如何？你穿什麼衣服？等等。研究人員請受試者不要猜想，確定自己記得這些細節才作答。

正面記憶被記住的細節比負面記憶多：正面記憶中，平均九題會有四點八四個細節，而負面記憶則是四點五六個細節。多數人（百分之八十五）都能記得事件發生地點，一半的人記得他們當時幾歲，但只有百分之十的人記得自己當時穿什麼衣服。

這些正面回憶中有百分之十八與成就有關，舉例來說，像是學騎腳踏車。百分之十三是與慶生、聖誕節、收到禮物有關，百分之十則是旅遊和假期。負面記憶通常涉及疾病，或是，舉例來說，摔斷腿（百分之二十五），受驚嚇或是被霸凌（百分之十四）和家人或寵物死亡（百分之十一）。

我想兒時記憶相關研究讓我們學到是，有證據顯示人的記憶和語言能力有關，也就是說，我們的記憶從我們開始有能力說出自己的人生故事開始，這樣我們就可以藉著選擇說哪些故事、藉著替孩子選擇可以留下美好童年的活動來打造回憶。

孩子可能會忘記他們自己最早的快樂記憶。也許你可以透過跟他們重複述說故事，來替他們保留這些記憶，直到孩子到了一定年齡，可以自己留下記憶的時候為止。

夏天、沙灘，是童年最難忘的回憶

我的一些快樂兒時記憶發生在每年五月至九月，我和家人居住度假小屋的那段時光。

六月的夜晚是藍色的，營火點亮了海岸。我們在森林裡爬樹、尋覓莓果。我們在山丘上探索狐狸挖的隧道，尋找納粹遺留下來的黃金。我們在田裡「幫忙」開牽引機，用一捆捆的稻草蓋房子。我們在溪水旁捕魚、築壩。我們在海灘游泳，若是覺得冷，就會在翻過來的小船下方挖洞，躲在裡面取暖。

直到今天，稻草的氣味，覆盆莓的滋味，還有木船吸飽一天陽光的溫度都還能帶我回到過去。那些單純的日子，快樂的日子。

不是只有我有這種感覺：在英國，最珍貴的兒時記憶就是爬樹，或是夏天在戶外赤腳亂跑到天黑這類樸實的消遣。

二〇一六年，由新柯芬園湯品公司（New Covent Garden Soup）委託進行的一項調查蒐集了兩千名成人的問卷，調查結果揭露了英國最普遍的兒時記憶：百分之七十三的人表示沙灘在他們的快樂記憶中扮演著重要角色。此外，根據該項研究，人的兒時記憶發生在夏天的機率是其他季節的十倍。

更有甚者，我們似乎會希望子女也能體驗到我們自己的快樂時光，留下相同的美好記憶。調查中有半數以上的父母表示，曾與家人一同造訪他們小時候去過的地方，希望可以藉此重現美好回憶。

五十個最常見的兒時記憶

一、家族旅遊
二、躲貓貓
三、沙灘上撿貝殼
四、跳房子
五、收看《英國金曲流行榜》（Top of the Pops）

六、參加運動會
七、收看兒童節目
八、享用炸魚薯條
九、在糖果店選自己喜歡的糖果組合
十、在遊樂場玩遊戲（例如鬼抓人）
十一、鉛筆盒
十二、爬樹
十三、湯匙裝雞蛋賽跑
十四、錄下週日的音樂榜
十五、營養午餐
十六、蒐集玩具、卡片等
十七、向冰淇淋車買冰淇淋
十八、在外面玩到天黑
十九、海中滑小艇

二十、營養午餐阿姨
二十一、把脫落的乳牙放在枕頭下
二十二、親親版鬼抓人
二十三、跟兄弟姐妹吵架
二十四、在池塘裡抓蝌蚪
二十五、到沃爾沃斯（Woolworths）賣場買唱片
二十六、在森林裡玩繩子盪鞦韆
二十七、校外教學
二十八、拜訪表兄弟姐妹
二十九、做菊花花冠戴在頭上
三十、暑假結束前的開學大採購
三十一、為了出遊起個大早
三十二、閱讀雜誌
三十三、潮池間探險

三十四、用毛衣當足球球門
三十五、學校的福利社
三十六、在充氣池玩水
三十七、漂浮冰淇淋
三十八、赤腳在室外奔跑
三十九、在朋友家過夜
四十、帶便當上學
四十一、在冰冷的海水裡游泳
四十二、對著家裡的後牆打網球
四十三、刮香水貼紙
四十四、第一次被老師罵
四十五、熬夜參加新年晚會
四十六、穿著學校制服滑草
四十七、送報紙

四十八、露營

四十九、在長途車程中玩遊戲

五十、坐在汽車後座高歌

快樂記憶
小祕訣

用回憶替心愛之地改名

這是結合自傳式記憶與空間記憶的保留回憶的方法。

空間記憶紀錄環境資訊和空間方向，使我們可以在熟悉的城市中暢行無阻。它幫助我們記住物品的地點，也幫助人類這個物種存活至今，像是「堅果在這裡，而那裡有水」。雖然今天則是「那裡有咖啡，還有插座可以充電手機」，但原則是一樣的。在每天的生活中，找到方向是很重要的事，而且要記得方向應該比在社交場合記得人名容易。

你也可以善加利用優秀的空間記憶來留住快樂記憶。很簡單，重新命名某個地點就可以了。如果某個特定地點是快樂記憶的場景，不妨開始用快樂記憶來指稱這個地方。

每年夏天我都會到波羅的海中美麗的博恩霍爾姆岩石島度假。我在那裡有間小屋，暫居小屋四週是我許多快樂記憶發生的場景。大多是採集食材的回憶。那裡有野生櫻桃樹林、杜松林道、接骨木花谷、覆盆莓堡壘、獵魚灣，還有裸泳峽灣。

其中有些地方是有官方的名字，像是覆盆莓堡壘其實叫做莉莉堡（Lilleborg），是十二世紀維京城樓的廢墟，但是莉莉堡這個名字並不會喚醒我在美好午後吃覆盆莓的記憶，也不會提醒我明年夏天該去哪裡採覆盆莓。因此，對我而言，覆盆莓堡這名字意義重大。

Chapter 8

透過物品重現記憶

書寫、拍照、錄音、蒐集物品皆可，
總之就是和愛丟東西的近藤麻理惠唱反調就對了！

照片或小物能幫助我們重返過去時光

有個網站叫做「燃燒的房子」（The Burning House），網站上有來自世界各地的投稿，網友分享若是房子失火了，最想搶救東西的照片。這可以一窺人的想法和內心世界，這個點子很棒。我們最珍貴的財產是什麼呢？

日記、祖母過世前寫的信、剪貼簿、瑪麗蓮·夢露的簽名、阿姨自製的音樂精選集、祖父的老指南針、藏著閨蜜祕密的洋娃娃、能多益榛果巧克力醬（Nutella），還有一瓶傑克丹尼威士忌（Jack Daniels）。

投稿物品百百種，有時也可見實際價值的物品與純粹情緒價值的物品之間的拉扯。但是所有的投稿都有一個共通點，那就是失火時大家最希望搶救的都是相簿。

我也不例外。我認為照片是記憶寶庫的鑰匙。鑰匙掉了，恐怕記憶就會永遠被封印了。

今年我帶了幾本相簿回家，相簿內是我的兒時照片，母親過世後，我和我哥一起整理的照片，我二十年沒再翻閱過的照片。

這些相簿見證了時代的眼淚：八〇年代、吊帶褲、轉盤式電話機等。不過照片保存得不是很好，也不是專業攝影師拍的。我母親的專長是在幫人拍照時會切掉半張臉。但是這些照片可以觸發連結。我看著這些照片，回憶或片刻的情感便會湧上心頭，接著就會出現一連串的連結。

有張照片是我們養的狗波斯（好啦，我知道狗叫波斯很奇怪）。我想起那時牠掉到冰湖裡，我爸把牠救起來的事。

我看到我第一台腳踏車的照片，便想起了我的第一次單車意外——我直接撞入垃圾箱裡。

有張照片的背景是我媽的福斯金龜車——我想起她老是把鑰匙忘在車裡，還有我十歲就學會用鐵絲開鎖了。

我看到我和祖母在躺椅上讀書的照片，我最喜歡在夏季度假小屋那張躺椅上讀書——我想起裹著毛毯讀著阿斯特麗德・林格倫（Astrid Lindgren）和丁丁歷險記，一邊計畫著我自己的探險。

我看著這些照片，心裡很是感激在這些時刻按下快門的人。這些照片使我想起我人生中最快樂的好時光。我發現這可能是為什麼我這麼喜歡攝影的原因，而我之所以喜歡研究幸福，也是一樣的道理。我的工作是要量化不能量化的東西。有空時，我會試著保存無法保存的東西。我的工作和興趣都是要抓住人們稱為快樂的抽象概念。讓時間靜止，讓我們得以細細品味世上一切都很美好的時刻，捕捉那二百五十分之一秒的幸福。

不是只有我有這種感受。在做快樂記憶研究的時候，我們問受試者為什麼記得某個特定的記憶，百分之七的人表示是因為該事件留下了紀念品，例如：照片。人類每年會拍下超過一兆張照片。一兆是十億的一千倍——如果不查的話我還真不清楚這兩者間的關係。難怪我們有時會感覺自己快被其他人的生活照給淹沒了。

荷蘭藝術家艾瑞克．凱賽爾斯（Erik Kessels）的一個展覽將這個數字概念視覺化，他印出了三十五萬張上傳至 Flickr 上的照片（這也是一天分享的照片總數），並把這些照片放在藝廊展出。

社交軟體和手機削弱了我們的記憶能力

今天，人們的照片多存放在雲端、硬碟、應用程式或社群網站上，從來不會印出來。翻閱老派的相簿已經完全被滑 Instagram 和滑臉書取代了。

每到週四和週五，我的頁面就會被 #tbt 和 #fbf 淹沒——「Throwback Thursdays」（懷舊星期四）和「Flashback Fridays」（回顧星期五）。社群網站時光機「Timehop」更是登峰造極之作，讓人每天都可以 #tbt。使用者幾年當中同一天在社群網站上的發文和照片都被封裝在一個時光膠囊裡，可以一次分享給他人。Timehop 的座右銘是「天天歡慶你最棒的記憶」，目標是要顛覆人們回憶的方式，幫助人們找到新的方法用過去來與其他人連結。

現在我們依賴網路來尋找記憶，這只會讓事情變得更加複雜。Instagram 世代不僅是自己的行銷公關，也是自己未來記憶的建築師。然而，我們也深陷染上「數位失憶症」的危機，若是丟了手機或是筆電，珍貴的照片和訊息也就會一起消失了。也有研究顯示，若是我們認為之後可以在網路上重新找回某個事件，那我們一開始就不會想要好好記住這個時刻。

主要在都柏林三一學院任教的神經心理學教授伊安・羅伯森（Ian Robertson）針對三千名英國人做了一項研究，發現三十歲以下的人中，有三分之一如果不拿出手機就記不得自己的電話號碼。這項研究發表於二〇〇七年，而現在我們也絕對比當時更依賴手機。

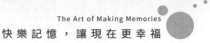

快樂記憶
小祕訣

閒人勿進！設個網路私帳儲存自己的回憶

可以考慮設一個不公開的社群網站帳號，當作你自己的記憶銀行。

你的社群網站可以帶你走入回憶的巷弄。你的照片、影片還有想法，都會按時間順序排列，讓社群網站成了一種複合媒材回憶錄。問題是有些東西你可能不會放上 Instagram。挑選過的內容和真實性的論戰持續不斷，因為 Instagram 上常會看到一大串完美照片組成的人生。我個人會盡量在高峰與每天的平凡生活之間找到平衡，並且讓大家知道「我在 Instagram 或臉書上的發文只是我人生的重點時刻，不是我的日常。我的日常是打翻咖啡、灌軟體、找鑰匙。」此外，有很多東西對我來說很重要，對我網路上的好友來說卻無關緊要。

有個方法是申請一個私帳，想要到回憶巷弄走一遭的時候，就可以造訪這個每日記憶博物館。你會發現拍下並上傳只給自己看的照片是件很自在的事。不用煩惱要使用哪一種濾鏡、怎樣打燈、怎麼下註解。

與其根據別人的眼光來說故事，不如試著根據未來的自己回顧時會看到什麼來說故事。當未來的你想要到回憶巷弄走一遭時，會想看到什麼呢？

拍照記錄你每天的生活。記錄現在看似無足輕重，但是二十年、三十年或四十年之後再回顧，會覺得超級有趣的日常生活用品。我那些八、九〇年代的童年照片背景有很多新奇的東西，像是轉盤式電話、超巨大的電腦和跟油鍋一樣厚的電視機。

數位照片是回憶的救星？

試想你可以從回憶記憶庫中提取此生任何一天的生活，重新經歷這一天。你做了什麼，遇見了誰，午飯吃了什麼。

你會想要這種超能力嗎？當然囉，重溫你的婚禮、各種活動與成就——找出自己究竟是什麼時候踩到狗屎，把狗屎帶進外交部——這些都很好，不過也許有很多事情我們寧可選擇遺忘。

但如果你是高登·貝爾（Gordon Bell），你就有機會來場時空之旅。一九九八年，微軟研究員高登·貝爾開始大量蒐集自己人生的數位資料。他也是微軟「我的生命位元」（MyLifeBits）的研究主持人。「我的生命位元」就是「量化生活運動」（Quantified Self）的現代版以及 Fitbit 等體適能記錄器的前身。你可以把貝爾想成較有系統、數位世界的安迪·沃荷。

照片和影片都存入了貝爾可供檢索的記憶資料庫中。除此之外，他的心跳速率、體溫、收到的電子郵件，還有瀏覽過的網站也都進了資料庫。我的生命位元計畫中有超過一千支影片，超過五千個包含對話的聲音檔案，成千上萬張照片，收發的所有文字簡訊和他瀏覽過的每一個網頁。高登・貝爾把這個計畫寫成了一本書，書名叫做《完全記憶》（*Total Recall*）。這是個很棒的書名。

貝爾可能有點極端，但這樣做的不是只有他一人。世界各地都有人保存相片日記，數算著自己的每一步，記錄著自己的人生。

記錄人生其實並非新鮮事，以前我們把這個行為叫做寫日記。然而各種新的應用程式還有工具，讓日記添了更多細節、更加生動。也有許多可以用來記錄人生的相機，替你捕捉一天中的每時每刻。

有些相機可以掛在脖子上，一天拍下至多兩千張照片，也有的一分鐘拍下兩張照片，用內建的全球定位系統來標註拍照地點。

有了各種設備以及社群媒體帳號，我們可以存下大量的人生細節，但是我們好像從來沒有整理這些資訊。在我看來，問題不在於資料蒐集不足，而在於詮釋不足和保存不足。

我們的數位圖書館一團混亂。雖然我們儲存照片，但卻很少看這些照片。我們被自己的大數據壓垮了。更麻煩的是，我們不僅被照片轟炸，還有數位失憶的風險。這是因為數位紀錄其實比紙本更難保存，這跟一般人的觀念不太一樣。

十二年前，我在義大利西恩納參加了一場婚禮。真是太美了。女士們戴著大帽子，男士們穿著亞麻西裝。我們在小鎮外一間別墅待了一週，在長桌上吃晚飯，在山丘上散步。

那週我肯定拍了不下一千張照片，但都不見了。我也不知道是什麼時候不見的，怎麼不見的。相機裡有存，電腦裡也有存。相機被偷了，電腦壞了。在「失落的一代」的一百年後，是「失落記憶的一代」。

這和我今年翻閱老派沖印照片的體驗是個很大的反差。我二十年沒翻過的相簿還在。褪色了，沒錯。臉被切掉了，沒錯。但是照片還在。所以我現在也開始把數位照片印出來，記錄對我來說最有意義的時刻。

那些讓你信以為真的假記憶

我們與親近的人分享我們的故事。我們分享回憶，來回傳遞回憶。保存回憶、借出回憶。過程中，回憶故事就會被拋光，被改變。

一九八五年，我跟家人一起到當時的南斯拉夫度假。我們從丹麥開車過去，花了兩天。車上只有一卷錄音帶。跨越歐洲的一整路上，我們都聽著惠妮．休斯頓說她想找人跳舞。

那趟旅程我們參觀了一個種馬場，我想那個馬場應該專門培養賽馬，不過馬場內也有一隻小驢，我們（我和我哥）可以騎。那隻小驢固執又懶惰，喜歡吃草，不喜歡載著遊客到處走。我對那隻驢子印象非常深刻，也還記得它粗粗毛髮的觸感。三十年後，我回頭翻閱舊相簿——已經二十年沒翻過的相簿。竟然沒有驢子的照片，而是隻小白馬。我非常清楚記得自己騎的是驢子，但是卻有鐵證證明我的記憶是錯的。

丹麥以及其他許多文化都認為驢子很固執。我們可以用「跟驢子一樣頑固」來形容一個人。可能我家這些年中津津樂道的頑固小馬故事，因著慣用語言和錯誤記憶，就變成了頑固驢子。

記憶不只是博物館策展人，還是藝術家本人。除了選擇展品，記憶也是館內畫作的畫家，在展品上揮筆的人。有印象派，有表現主義，有時候又像是嗑了迷幻藥的達利。

我們常誤以為記憶就像照相機或是檔案櫃，如果你想要想起什麼東西，可以從檔案櫃裡找出來。但記憶不是這麼一回事，記憶不是一個東西，記憶是一個過程。記憶是在此時此刻，依照你當下的需要，在心裡重建出的建設。你把各種細節拼湊在一起，有些是事件本身的細節，有些是事後的加油添醋。大腦不像 YouTube，不能把我們的經歷完整保存下來，待日後播放原始版本。記憶每播放一次就會有些許的改變。

「你記得在商場迷路的事嗎？」

「好像不記得。」你說。

「這是你父母提供給我們的事件經過。」實驗研究員邊說邊推給你一張紙。你讀了他們給你的故事——當時你三歲，你在車水馬龍的商場和父母走失了，一位老太太看見你在哭便上前幫忙。」

「你記得這件事嗎？記得你當時的感受嗎？」

你想了想，之後說：「我當時很害怕，我找不到爸媽。」

「那你怎麼辦？」

「老太太人很好，後來他們幫我用廣播找我爸媽。」

「記得老太太的長相嗎？」

「不太記得——好像有戴眼鏡，穿綠色洋裝。」

伊莉莎白．羅芙托斯再度登場。這是她的另一個假記憶研究。羅芙托斯與同事讓二十四名受試者閱讀四則發生在四至六歲之間的故事。受試者以為這項實驗是要測試他們想起兒時記憶細節的能力。當然是騙他們的，這項研究是要探討植入假記憶的可能性。

四則故事中有三則是受試者真實的經歷，是研究員訪問受試者親戚得到的故事。但是其中有一則故事——在商場迷路的記憶是假的。迷路的故事很逼真，研究員會問受試者的親戚他們以前都上哪間商場，但親戚也確認迷路事件從未發生。

訪問完親戚後沒隔多久，研究員便開始對受試者進行訪談。訪談時，研究員會告訴受試者這四則記憶，請受試者盡可能回想事件發生的經過。一週後進行的第二次訪談模式也類似。兩次訪談結束時，受試者都要自評記憶清晰度。

實驗結束後，研究員會告訴受試者四則故事中有一則故事是假記憶，要受試者指出他們認為假記憶是哪一則。二十四名受試者中，有五名並未指出商場迷路的故事，認為該事件為真。

Instagram 上有哪些回憶紀錄？

在我寫作的當下，Instagram 上有超過八百萬則標註了 #makingmemories（創造回憶）的照片，#memories（回憶）則有七千萬則。還有超過一萬七

千則標註了 #memoriess 的照片，也就是說連不記得「memories」怎麼拼的人也發了與回憶有關的照片。

幸福研究機構針對 Instagram 上的 #makingmemories 照片做了數據分析。我們使用隨機抽樣，藉此避免產生時區或季節偏誤，也刪去了公司行號發的照片或是業配照片。不過這項研究確實存在語言偏誤，因為我們只選擇以英語標註的照片。也就是說，如果在丹麥或是俄國進行這項試驗，實驗結果可能會有所不同。

那麼，大家說自己在創造回憶的時候究竟都在做些什麼呢？根據分析結果，標有 #makingmemories 的照片大概可以歸納為四大類。第一類是 #momlife-dadlife-familylife（媽媽生活、爸爸生活、家庭生活）：小孩耍萌、小孩玩雪、小孩把廚房搞得一團亂；南瓜燈籠、聖誕樹、迪士尼樂園之旅。第二類是 #SassyPOTD（Sassy Post of the Day，走跳日常）：好姐妹之夜、好哥們之夜；友誼、閨密、朋友的共同目標；調酒、烈酒，還有當下興起想做的事。第三類是 #Love（愛情）：婚禮和紀念日；一起出遊，共同度過的長假；對著鏡頭微笑的情侶，這一類又叫「看我捕獲的獵物」類。但是數目最多的照片是第四類 #Wanderlust（探索世界）：假期、探索、冒險。

回憶是我們爬過的山，我們探索過的城市，我們追過的夕陽。紐西蘭、紐約、新視界。回憶的創造在我們對世界充滿好奇之時，在我們旅行之時，在我們探索之時，在我們冒險之時。

回憶的創造在我們追隨大衛・李文斯頓、馬可・波羅和瓦斯科・達伽馬的腳步之時；在我們揚起風帆，踏上旅程，或綁好登山鞋的鞋帶之時；在我們尋寶之時——我們在尋找的寶物是值得回味的人生。

創造回憶就是接受奉旅行為圭臬的人生。錢再賺就有，回憶不創造就沒有了。

你快樂嗎？用幸福數據檢測你的幸福指數

發揮創意，記錄回憶。記錄回憶不一定只能靠拍照。

如果你有小孩，可以讓他們畫下你們共同經歷中的某個快樂記憶。如果你的孩子對音樂或節奏有天份，也許會有興趣把回憶寫成歌。或可以學學我優秀的編輯艾蜜莉，用 Spotify 創建當月播放清單。她做每月歌單已經好幾年了，有時也會隨機找過去某個月的歌單來聽。

人的所有感官都能觸發回憶，所以在嗅覺上，你也可以效法安迪・沃荷打造一個快樂氣味清單，將氣味和快樂記憶進行配對。我和一個女生聊過，她最近為了自己的婚禮買了一款特殊的香水，只在結婚當天擦。另外我也開始錄下我的快樂時刻的聲音。我錄下了博恩霍爾姆海浪打上岩石的聲音；哥本哈根前皇家獵場中，風在某棵樹的樹葉之間穿梭的聲音；還有克羅埃西亞斯普利特港，風吹在帆船繩間的聲音。

你也可以效法或參考亞力杭多・森瑟拉多・盧比歐的做法。盧比歐是我在幸福研究機構的一個好同事，他是名數據分析師。

盧比歐很喜歡研究大數據，幸福研究機構很多很有意思的發現都出於盧比歐之手。除了幸福研究機構的研究以外，盧比歐也已經蒐集自己的幸福數據超過十三年。他每天都會用一至十分的量表來紀錄自己的幸福程度。今天是好日子嗎?我今天做了什麼事?我今天覺得多幸福?我會希望未來再重演一次今日嗎?

以下是盧比歐二〇一七年二月二十五日的紀錄,那天是星期六:

今天是賦予人生意義的日子。我跟瑪蒙見完面回到家,這是我們第一次約會,我知道我跟這個女孩絕對會長長久久。從她的笑聲,她看著我的樣子,還有我們之間的對話我就知道了。

我在家中,看著雨水打在窗戶玻璃上,無數個年頭我都覺得孤單寂寞。但一想到現在有一個人可以把我從這種寂寞中拯救出來,一種奇特的感覺油然而生。留在我腦海中的景象是她的雙眼反射著燭光,專心地盯著我瞧。我不知道自己說話是大聲或緩慢,也不知道有沒有人在看我們,因為我的心思全在我們的對話上,我實在不敢相信這樣一個女孩子竟然會喜歡我,但是她的肢體語言又再明顯不過。

今天這樣的情感很難以三言兩語形容,挺可惜的,但是這樣的情感實在太過真切、真實。一生中能有幾次有如此的感受，兩顆互相了解、也明顯互相彼此喜歡的心自然地走在一起。我找不到能形容這種感覺的字詞，姑且稱之為幻想吧。這不是幸福，因為我仍不確定她是否喜歡我，不確定我是否就是她在找的人，但這是幸福的希望，不再孤單的希望，不必再尋尋覓覓的希望。

說個小插曲。有件事讓我很驚訝。我以前對風景照頗為無感，今天再看卻有種特殊的感受。我想像自己跟瑪蒙在那樣的景色中，擁抱、契合、交融、相愛。就連雷聲也變得好美，和心儀又在意的女孩約這麼一次會，竟然可以讓我活了過來。

那天得到了六分。

對了，瑪蒙確實喜歡盧比歐，他們今年要結婚了。

結合每日數據與每日描述，盧比歐就知道他的快樂日子中發生了哪些事情。盧比歐發現最快樂的日子都是「與人產生連結」的日子——與我們親近的人產生連結。快樂的日子是朋友、家人和浪漫愛情的日子，是令人感覺特別的日子。

我覺得盧比歐的數據中最有趣的就是，他使體驗自我的聲音在當下就可以被聽見。我們如何記得一件事是一回事，但實際上如何體驗這件事又是另一回事。打個比方，盧比歐也許會回憶他的印尼之旅，想起那裡的沙灘，但是如果他回頭翻閱那幾天的數據，便會發現他的體驗自我覺得炎熱的天氣和蚊子很惱人。如果你懂西班牙文，可以追蹤盧比歐的網誌：http://11anhosymedio.blogspot.com/。你也可以參考盧比歐的做法，用不同的方式寫下你的日記。但不一定要用數據。我也知道有人每天拍下一秒的影像，然後把經年累月的影片剪成精彩的紀錄。

完美的「後設紀念品」

想像你正準備在各大媒體面前介紹你關於創造回憶的新書。

現場還有很多其他講者要介紹他們有趣的新書，你必須想辦法讓聽眾記得你。你想起了「鳳梨法則」，想帶個吸睛又能增加記憶點的東西上台。於是你在旅館房間裡翻找，發現房裡有一個小小的馬頭像。很棒！你把馬頭像帶上台，演講很成功。你看出你的演講內容很能引起觀眾共鳴。他們的表情充滿喜悅，他們點頭、大笑。你談著如何創造值得回憶的時刻，如何活出難忘的人生，然後你意識到此時此刻就是值得回憶的時刻。這一刻會成為你的記憶——創造「如何創造回憶的書」的記憶。很後設。你把馬頭像帶回飯店，發現這個馬頭已經成了這次後設記憶體驗的象徵物了，也意識到這個馬頭是最完美的「後設紀念品」。

我沒說你摸走了馬頭像。你可能流著維京人的血，但這不代表你到英國就一定要打劫一番。北歐海盜是九世紀的事，二十一世紀的維京人注重平權以及財富平均分配。他們會拿走新潮旅店內的馬頭像，給清潔人員留下兩百英鎊的小費和一張紙條，他要把這筆錢花在創造回憶上。

當然，以上純屬虛構。

結語

給過去一個光明的未來。

分享自己的過去是墜入情網的原料。

一九九六年，紐約石溪大學心理學教授阿瑟・亞倫（Arthur Aron）設計了三十六道增進陌生人間感情的問題，也是可以讓人墜入情網的問題。其中有好幾個問題與我們的回憶有關：

- 你最珍貴的回憶是什麼？

- 你最可怕的回憶是什麼？
- 請盡可能在四分鐘內鉅細靡遺地說完你的人生故事。
- 你這一生中最大的成就是什麼？
- 如果可以改變當初大人養育你的方式，你想改變什麼？
- 說說你人生中的某個尷尬時刻。
- 你覺得自己的童年比多數人快樂嗎？

了解某人最慘和最棒的回憶是創造親密感的好方法。分享我們最了不起的成就和最困窘的尷尬處境，可以搭起人際關係的橋樑。分享我們的人生故事，能讓我們有機會透過別人的眼光看世界，發明這套問題的人表示：「持續、堆加、雙向的表情達意是人與人之間發展親密關係的關鍵模式」。這是因為讓對方看見彼此的脆弱可以拉近兩人之間的距離。

明白這點再來讀快樂記憶研究中受試者的回憶就很有趣。雖然研究中每一則記憶都只是陌生人人生中的小片段，但我感覺自己好像更認識他們了一點。我感覺與他們建立了關係，因為好多故事都讓我很有共鳴。我知道為什麼那晚在結了冰的湖上會這麼好玩。我知道在颳著風的海邊吃沒熟的粥可以拉近人與人之間的距離。我知道祖母喪禮過後跟小外甥女一起散步別具意義。

對我來說，這些故事見證了人與人之間的相似之處。什麼能帶給我們幸福？快樂記憶是由什麼構成的？我們可能分別是丹麥人、英國人、美國人或中國人，但到底我們都是人。我們都有想要記得的事物，也都有想要遺忘的事物。

我覺得自己在研究與撰寫這本書的過程中，學到最寶貴的一課就是記憶有著神奇魔力。記憶不僅可以帶我們回到過去、放眼未來，影響我們現在的感受，也能幫助我們隨著時間更了解自己、與他人連結。但是記憶也有可能變成我們的負擔。不是所有記憶都是快樂記憶。

放手的藝術：記憶超載會使人癱瘓

電影《王牌冤家》中，一對舊情人請醫生替他們消除兩人間浪漫卻痛苦的記憶。

每個人都有想要忘記的事情，但我們也都明白，我們的記憶，不論好壞，都是構成我們這個人的元素。而有些人可能很希望可以擁有超完美記憶，能夠記得聽聞或體驗的一切事物。然而，我們也不能忽視超完美記憶的負面影響。

一九八一年一月十日你做了什麼事？如果那時你還沒出生，那一九九一年，或二〇〇一年的一月十日呢？那天天氣如何？是星期幾？有哪些新聞？如果你跟我一樣，你根本就不會記得。嗯……如果是一九八一年一月十日的話，先猜哥本哈根天氣寒冷陰暗應該不會錯。當時我三歲，所以應該是整天忙著吃東西、大哭、流口水。

但是如果你跟吉兒・普萊斯（Jill Price）一樣，你可能就會記得一九八一年一月十日薩爾瓦多政府的反對者發起政變，演變成為期十一年的內戰。普萊斯當時在開車，那是她人生第三次開車，她正在青少年駕訓班學開車。當時她十五歲。那天是週六。

普萊斯是全球少數擁有高度優異自傳式記憶（Highly Superior Autobiographical Memory，簡稱HSAM）的人，這種症狀又稱為超憶症（hyperthymesia）。她記得十四歲以來每一天的生活。

普萊斯是住在加州的美國女性，也是全世界第一個被診斷出超憶症的人。也就是說普萊斯的腦海會一直不斷自動播放人生中的各個事件。「給我一個日期就會有畫面。我可以回到那天，看見那天的事情，還有我做了什麼事。」普萊斯寫道。多年來，許多學者一直在研究普萊斯。其中一名學者叫做詹姆士·麥高（James McGaugh），他是加州大學爾灣分校的神經生物學教授。麥高教授和他的同事發現還有其他人和普萊斯一樣。不過全球被診斷出超憶症的人數不超過一百人。

普萊斯在她的著作《無法遺忘的女人：帶著科學界公認最驚人的超強記

憶過生活》（暫譯，原書名：*The Woman Who Can't Forget: The Extraordinary Story of Living with the Most Remarkable Memory Known to Science*）中形容她的記憶就像是家庭短片一樣，不停地反覆播放，一下快轉、一下倒轉，隨機播放各種小片段。

普萊斯的故事告訴我們記憶是兩面刃。有滿倉庫的記憶可以讓她回顧並從中得到慰藉，普萊斯是很開心，但這滿倉庫的記憶卻也可能成為一個牢籠。其他擁有高度優異自傳式記憶的人似乎也有相同的經驗。

在世人還不認識這些超憶症患者之前，豪爾赫·路易斯·波赫士（Jorge Luis Borges）就寫下了這個現象。波赫士常寫些哲學概念。一九四二年，他在小說《博聞強記的富內斯》（*Funes, the Memorious*）中探索超完美記憶造成的後果。小說中富內斯記得四月三十日南邊雲朵的形狀；記得只見過一次的牛皮書上的紋理；還記得蓋布拉丘埃拉多之役（Battle of Quebracho Herrado）中船槳拍起的水花形狀。簡言之，他的記性超強。

富內斯被迫在一間黑暗的房內過日子，房內沒有任何的感官刺激。當富內斯回憶起前一天發生的事情時，因為記憶實在太過完整，他得花上整整二十四小時才能完成回憶。除此之外，他的記憶中還有回想某次回憶的記憶，所以又更加複雜了。富內斯不僅記得每棵樹上的每一片葉子，也記得自己每次想起每一片樹林中每棵樹上的每一片葉子。

故事到了尾聲，富內斯已經再也沒有辦法處理記憶中的枝微末節了。這不是一個快樂的故事，卻能讓讀者一窺超強記憶的缺點。

套用維吉尼亞．吳爾芙在回憶錄中說的話：「人的記憶大抵就是過去的速寫。」然而雖然人的記憶會出現錯誤，雖然人的記憶會因高峰和終點產生偏差，記憶還是有其價值。

也許人的幸福不單單取決於我們記得什麼，能忘記什麼也很重要。太多過去會使人癱瘓。我們想要留住快樂的記憶，同時卻也想要放下過去，活在當下，展望未來。

想讓未來更好，就從改變現在開始

想像有一個階梯，底層的數字是零，頂層是十。頂層是對你來說最美好的人生，底層是對你來說最悲慘的人生。

- 你覺得現在的你應該是站在階梯的哪一層？
- 你覺得五年後的你會站在哪一層？

如果你和多數人一樣，第二題的分數應該會比第一題高。人很樂觀。我們都認為未來會比今天幸福。

諾貝爾獎經濟學者安格斯・迪頓（Angus Deaton）於二〇一八年發表了一篇論文，他用蓋洛普民意調查於二〇〇六至二〇一六年中蒐集了來自一百六十六個國家，共一百七十萬人對這兩個問題的回答。

迪頓發現世人普遍樂觀，不管在世界的哪個角落都一樣，不過有些地方更甚。若看丹麥的數據，可以發現住在大城市的人比較樂觀：哥本哈根和奧胡斯的人相信五年後的環境會比今天好很多，然而郊區的人較偏向認為五年後的生活會跟今天大同小異。

迪頓的另一項研究可以解釋其中一個原因：年輕人對未來比較樂觀。哥本哈根和奧胡斯有大學，這兩個城市中年輕人的比例自然比較高。在比較現在的幸福和五年後的預期幸福時，年輕人的期望值會大躍進。十五歲至二十四歲間的受訪者，量表的平均幸福程度為五點五分，但是卻預期五年後自己的幸福程度可以達到七點二分。漲幅是百分之三十一——期望真的很高。

樂觀是好事。期許、希望自己在未來可以更快樂也是好事。但是我認為更重要的問題是要如何前往比現在更快樂的時光。

如前述，情節記憶是我們穿越時空的能力。我們已經討論過回到過去，但我們其實也可以展望未來。功能性磁振造影（fMRI）研究指出，回憶過去和展望未來會刺激大腦前額葉和顳葉相同的區塊。哈佛心理學家丹尼爾・沙克特也是該領域的研究學者，他寫道，人的大腦「基本上是一個預測器官，大腦預設的功能就是運用過去和現在的資訊，產出對於未來的預測。我們可以把記憶想做大腦預測未來時使用的工具，大腦運用記憶來模擬未來可能發生的事件。」所以，我們可以運用過去的快樂記憶來規畫未來的快樂體驗。

你想要保存什麼記憶呢？你想要如何創造永生難忘的日子呢？希望你讀到這裡，對未來要懷什麼舊已經有些想法了。那我們就開始計畫吧。

規畫快樂又難忘的一年

記得，記憶最棒之處就在於創造的過程，雖然快樂記憶好發於夏季，但事實上一整年都可以有值得留念的時刻。

以下提供一些規畫年度快樂記憶活動的參考。

一月：替特殊節日規畫相關活動

事件跟日子之間如果沒有什麼特別的關聯就很難被記住。舉例來說，三月十四日當天你做了什麼事？如果你跟我一樣，你一定什麼都想不起來。但是我查了三月十四日，發現那天是世界幸福報告在歐洲的發表日，我人在梵蒂岡參與發表活動，這下我就對當天的細節有印象了。我記得早、午、晚餐的地點。我記得我和一群幸福研究學者在梵蒂岡花園散步，我們還在噴泉中看到烏龜。我記得意利咖啡的安德．意利說世界最幸福的國家也是咖啡消耗量最大的國家。

所以你可以運用一月，好好想想以下這些日子要怎麼過：國際幸福日（三月二十日）、世界詩歌日與世界森林日（三月二十一日）、世界水資源日（三月二十二日）、國際爵士音樂日（四月三十日）、世界候鳥日（五月的第二個星期六，我猜非候鳥的鳥應該頗不爽）、全球父母日（六月一日）、世界自行車日（六月三日）、國際瑜伽日（六月二十一日）、國際友誼日（七月三十日）、國際老人日（十月一日）、世界教師日（十月五日）、世界科學日（十一月十日）、世界土壤日（十二月五日）與國際山嶽日（十二月十一日，丹麥與荷蘭已取消）。

舉例來說，你可以在世界自行車日安排一趟與親友的自行車之旅。那時是六月，世界許多地方的六月天應該都很適合騎自行車。如果你在南半球，在世界土壤日種顆樹也可以是不錯的回憶。或是你可以在國際瑜伽日試上一堂瑜珈課。之前說過，第一次的經驗最難忘。我還記得我的第一次瑜珈課，當時老師要我們伸展雙腿，把手心放在腳底板下，她看了我一眼，說：「看你能摸到小腿哪裡就盡量做。」

二月：面對恐懼

我們的研究資料中，其中一則快樂記憶來自一名比利時女性，她想起那一夜登台在觀眾面前表演，她快嚇死了。我懂。八年級的時候，也就是我大概十三歲的時候，我們班要在全校面前表演一齣聖誕劇。我飾演聖誕小精靈第十三號——是個非常重要的角色。我有一句台詞：「工作室裡有人！」我到今天還記得那句台詞，第一是我們彩排了好多次，再來是因為我跟多數人一樣患有公開演講恐懼症（glossophobia），所以那次的經驗非常可怕。

但是面對恐懼、克服恐懼是可以替我們創造回憶的情緒螢光筆。所以，面對你的恐懼吧，報名攀岩課程、法語課或是找個晚上上開放舞臺表演。別忘了帶鳳梨。

三月：增進人際關係，讓回憶變得難忘

幸福人生是有意義的人生。正如前述，充滿意義的時刻在記憶中扮演著重要角色。用三月來增進人與人之間的關係。可以是些小事，例如替你重視的人做件重要的事，或是寫感謝信給一路上幫助你許多的人。搞不好我們下一次做快樂記憶研究時，這些信件會出現在收信者的回憶中。

四月：用心體會快樂的事物

什麼事物讓你快樂？我們已經看到，記憶需要我們的注意力。用心，就會記住。所以可以認真想想，多留意能讓我們感到快樂的事物。四月通常有五週。雖然五週中有一兩週比較短，還是可以規畫一週體驗五感中的一感。哪些聲音、畫面、氣味、觸感和味道使你快樂？一袋敞開的咖啡豆散發出的

氣味？暖春溫和的雨水落在皮膚上的感覺？你孩子的聲音，或是朋友的笑聲？試著仔細聽聽，留意他們是怎麼笑的。如果要拍成電影，你會怎麼模仿他們的笑聲？可以把這些東西用文字記錄下來。這樣你也能觀察帶給你快樂的事物是否有所改變，做一個能創造快樂的事物的目錄，就不愁週末該做些什麼事了。

這個活動也可以延伸變成感恩日記，我們常在幸福研究中看到感恩日記帶來的影響。研究指出，感恩日記偶爾寫就好，不需要天天寫，不然會變成例行公事。

五月：規畫值得回味的時刻

試著規畫值得回憶的體驗。你明年有哪些夢想？你希望未來的你想起哪些事會微笑？我想現在正是時候開始規畫，讓回憶成真。

我的新年新希望中，有一項是要約一群同行來場作家之旅。我想要在義大利包一個超大的度假村。早上可以寫作，下午出去爬山，晚上在大餐桌上享用晚餐。喔，還要有美酒。

我希望這趟作家之旅可以成真。「可能會發生的事就會發生」，這種哲學有時又叫莫非定律，做風險管理的時候使用這個策略挺好，但是在做夢想管理的時候就不太管用。

好好運用五月，把「可能」變成「一定」。把你對明年的希望寫成步驟，並踏出讓希望成真的第一步。我的夢想的第一步是找間適合包場的度假村。我在波比亞諾附近的山丘上找到了一間，距離佛羅倫斯大約一小時。那是間老舊的石屋，地上鋪著地磚，天花板上有木樑，還有一個超大的石壁爐。花園裡有各種不同的植物，爬上山丘的話可以看到三百六十度的湖光山色以及附近的小鎮、村落，村內每到週末還有露天市集。聽起來是個創造回憶的好地方。

六月：回憶巷弄走一遭

還記得嗎？走訪帶給我們歡樂時光的地點可以幫助我們想起快樂記憶。

六月最適合散步，帶著你的親朋友好來場記憶之旅吧，或是請他們帶你去某個對他們來說很重要的地方。

有一次，我和我爸去了一趟奧胡斯舊城，那是個露天小鎮博物館，共有七十五棟建築，你可以入內觀賞，也可以在外面繞繞。這些建築多為十八世紀中或十九世紀初的建築，有裁縫店、鐵匠、啤酒廠等。博物館裡面都是穿著時代服裝的演員。

舊城中有一小區是七、八〇年代區。在那裡你可以走進我記憶中的公寓，有販賣八〇年代雜貨的小店，還有一間賣唱片、錄音機以及古董電視機的電視店。我馬上認出了我們家那台電視，忽然想起以前都會和爸爸一起收看德語配音的西部片。

我小時候住的地方很靠近德國交界處，當時只有一個丹麥電視頻道，所以我們時常收看德國電視節目。我爸是半個德國人，他會替我翻譯。走進那間電視店我才明白為什麼我在十歲以前一直以為克林・伊斯威特（Clint Eastwood）是德國人。

附帶一提，舊城會替患有失智症的長輩安排「回憶之旅」。舊城博物館打造了一間公寓，裡面都是五〇年代中產階級家庭會出現的傢俱，這樣的環境也許可以觸發參觀者的記憶。

七月：舉辦阿波羅野餐

第一步、第一次品味等——所有初體驗都是值得回憶的經歷。

你吃過韓式泡菜嗎？韓式泡菜是醃漬過的大白菜，很好吃。這種泡菜在南韓廣受歡迎，他們連拍照的時候都要說「kimchi」而不是說「cheese」。還是考慮嘗一小口哈瓦那辣椒？或沙棘果汁？

七月是一年當中最適合野餐的月份。七月很溫暖，傍晚很長，可以約親朋好友來場野餐。可以用每個人帶一道菜的方式——規則是每個人帶的都要是大家沒吃過的東西。

把這次野餐取名叫「阿波羅野餐」，辦在七月二十日左右——一九六九年人類登陸月球日子。這樣就可以創造連結觸媒。勇於嘗試新事物並測試自己的極限也是情緒螢光筆的一種。下次你再看到或是嘗到這個食材，有趣野餐的快樂記憶應該就會油然而生。

人類的一小口，就是難以忘懷的一大步。

八月：是時候改變一下習慣了

八月是丹麥的開學、開工月（你可以根據自己所在地換成你們的開學、開工月）。這時最適合來點新鮮的，試試用別的方式過日常生活。也許有其他條上班的路，或是回家路上有其他間外帶餐廳。

當你不依循常軌，可能就會發現時間會慢了一些，可能你也會發現有些替代方案其實更有意思，於是便把這些事變成了你的新習慣。

九月：接近大自然，找個頂來攻

我們都記得那些努力奮鬥的日子。約莫兩年前，我與女友還有另外兩個朋友在瑞典爬了四天山。我們帶了一公斤的米，一公斤的洋蔥還有一些辣醬。我們不是沒有爬山經驗，只是單純的蠢。我們打算「靠土地上的萬物生存」。而且我們還帶了一把吉他，一支薩克斯風還有一頂馴鹿帽。長話短說，我們花了四天的時間想著不存在的蛋糕。對了，米克的靴子還一度著火。總之，確實是一場難忘的回憶。

未來的這一年，我計畫要再來一次大縱走，這次要環博恩霍爾姆島。總長一百二十公里的沿海山路上有小村落、岩洞、城堡廢墟、瀑布、燻肉屋、維京文字刻記、自然保護區、花崗岩以及長長的白色海灘。

九月最適合了。九月非旺季，但是博恩霍爾姆是岩石島，岩石和海水可以讓海島保持溫暖。這個月份島上還有好多無花果、莓果和菇類，比目魚也尚未過季。我們可能真的會蠢到除了挑戰走完這一百二十公里之外，還加碼靠土地生存。馴鹿帽可帶可不帶。你也可以想想你九月要做什麼挑戰。你想要攻哪一個頂呢？

十月：運用情緒螢光筆，創造屬於你的故事

帶朋友或是小孩去戶外射擊場。槍枝本身就是個危險的東西，所以這對很多人來說不但是個新鮮的體驗，也是情緒螢光筆（不過記得安全第一）。而且槍響很大聲，有火藥味，飛盤忽然在半空中粉碎的畫面也很刺激。

在這項體驗中加入故事的元素又會更加分。如果你有小孩或是好騙的大人朋友，也許可以捏造火星人進攻地球的故事，你們必須在火星人登陸前打下飛碟。赫伯特．喬治．威爾斯的一九三八年經典廣播劇，由奧森．威爾斯朗讀的《世界大戰》，可以作為行前暖身。每十年都會有人在該劇誕生日提到這部廣播劇當年如何「震驚全國」。

下一個週末，你可以看湯姆．克魯斯主演的《世界大戰》，用這部片作為回憶觸發器，戰勝遺忘曲線。

十一月：列出你想要嘗試的新鮮事

記得新鮮、新奇的事物比較容易被記住。新奇的事物可以讓記憶更持

久，所以，十一月來善用第一次的力量吧。新鮮十一月。

列出你想要嘗試的新鮮事。也許你會想去沒去過的地方走走，解鎖新的興趣或是學習新技能。學習新技能可以帶來成就感、增加自信心——這兩點對一個人的幸福程度都有很大的幫助。需要建議的話，可以上「幸福行動」（Action for Happiness）參考「新鮮十一月」（New Things November）月曆。

十二月：挑選快樂記憶照片一百張

聖誕節和新年這段期間，是整理你個人或家人今年拍下的數位照片的好時機。分享大家公認的快樂時刻，挑一百張照片洗出來。

這有點像是替你的新書或公司寫下點子。好點子會進你的 MacBook，入你的 Moleskine 高級筆記本。特別的想法要放在特別的地方，而你最特別的照片也應該要有特殊待遇。所以，好好想辦法保存這些照片，預防自己或家人患上數位失憶症。把你的照片從數位世界中取出來印成實體照片。

努力保存數位照片，讓這些照片得以流傳數十載，傳給下一代——這件事情本身也可以是一個快樂記憶。

重返幸福之地

西班牙超現實主義電影工作者路易斯．布紐爾（Luis Buñuel）曾寫道，人的記憶是連貫的，記憶是在時間裡不斷地反覆經歷自己。所以在寫這本書的過程中，我回到家鄉挖掘快樂記憶，與自己的過去建立連結，與跟我同名的那個過去的我建立連結。

哈德斯勒夫是丹麥南部一個峽灣小鎮，距離丹麥與德國的邊界大約五十公里。鎮上有些建於十六世紀的房子，有個廣場上矗立著一對緊緊相依的木造房，就像彼此相愛的老夫老妻一樣。

某個春日，我回到了哈德斯勒夫。那時是選舉季，小鎮的大街上，社會民主黨的人發著傳單以及免費香腸，還反覆播放著布魯斯．史普林斯汀的

《為跑而生》（Born to Run）。

我跟著自己過去的足跡在鎮上繞。我去了小時候會借一大堆書的圖書館；去了高中時晚上打工的電影院；去了鎮上一個廣場，我和米克以前在那唱著法蘭克・辛納屈的歌，不知道為什麼米克手上還拿著水煮蛋。為了尋找記憶，我造訪了屠宰場、乳酪店，還有書店。書店裡有個熟悉的氣味好像跟什麼記憶有關。我盼著瑪德蓮時刻，努力想要讓記憶浮現但卻想不起來。

我也去了自己童年成長的那間房子。房子位在小鎮外緣的小山丘上，俯瞰著峽灣。那是一棟黃磚屋，蓋著黑色的平屋頂，我常爬到屋頂上，讓媽媽很生氣。房子有個內院，內院裡長著日本櫻花樹，時不時會有野雉在房子後面的陡坡上逛大街。

新屋主很可愛。史丁是法律教授，琳恩則是社區青少年合唱團的老師。一個美好的晴朗午後，我們一起喝著咖啡，聊著這間房子，聊著過去。野雉不再出現了。日本櫻花樹仍矗立著，但跟我記得的位置不一樣。我以前的房間成了書房。

若要我說實話，我兒時的家竟然沒有改建成博物館，我的自尊心有點受創。在哥本哈根，幾乎每經過一棟房就會看到一塊牌子上面寫著「安徒生故居」或是「安徒生曾在此喝咖啡」，也總是有某人認識住在某棟樓裡的某人。話雖如此，我還是忍住沒給新屋主「麥克．威肯故居」的牌子讓他們掛在屋外。

回到鎮上，我逛了間古董店，買了台四〇年代的柯達照相機。我走在大街上，向左看，看見小巷內一間商店，便馬上陷入了回憶之中。

我十六歲的時候在澳洲拍了一張烏魯魯的日出照。我當初莫名覺得那張照片是個傑作，所以回到哈德斯勒夫後，我到一間海報店問他們願不願意販售這張照片。那間店就在我現在站著的小巷內。這個回憶又勾起了另一個回憶：我不小心聽到我媽和她朋友的對話。「妳真的覺得他那張照片賣得出去？」她問。「我覺得可以。」媽媽回答。我的照片雖然沒賣出去。但是二十多年之後，我卻能想起媽媽相信我的記憶，這非常值得。

今年我首訪中國，也第一次去了俄國。但今年也是我人生首度挖掘過去挖得這麼深。我們都是旅人——也都是時間的旅人，探索過去，想像著美好未來。

我會展開這場探索之旅有部分原因是，我即將邁入四十大關——我的保存期限已經過了一半了（以統計數據來看的話）。這趟回顧之旅使我能好好思考之後的旅程該怎麼走。上半場已經過完了，下半場要怎麼過呢？

塞內卡曾寫道：「只要還活著，就要繼續學習怎麼生活。」我想，在人生大學中，有一門課就叫做時間。我們選擇如何運用時間呢？過去的經歷中，哪些帶給我們最大的快樂呢？我相信，藉著回顧過去——重返幸福之地和幸福時光——我們就可以更妥善地規畫未來的旅程；規畫未來的快樂記憶；規畫快樂的日子；規畫快樂的未來。

記得，有一天你的人生會像跑馬燈一樣在眼前閃過，所以你一定要活得精彩。希望你的人生故事中也有沒熟的粥和颳著風的海邊。

謝辭

我要感謝與我一同創造以下回憶的你們。

地底隧道，樹頂堡壘。雪球大戰和週五溜冰夜。索貝克草地的味道還有聖誕節開的第二瓶紅酒。甲板上的愛爾蘭咖啡還有在街上溜滑板。瑞典斯堪尼的終極生存之旅，還有在星空下生火烤雞。在法伊島坐吉普車還有網球場上的對決。結實的臀部、聰慧的腦袋，發掘世界之美。法國茴香酒和法式滾球，還有在水公園實地應用幸福研究。爬富士山和滑雪下山。克爾斯托之旅、藍色龐克頭還有咕、咕、咕、咕。雖然我打扮成藍色小精靈，還是網開一面讓我進入萬聖節派對。沒日沒夜地聽著搖滾樂，克隆堡之戰，還有確保潘基文的水杯中一定裝滿了五分之四的水。半夜的柳橙大砲、在澳洲聽著《今夜的空中》（In the Air Tonight）。打烊後還持續為了我開著的餐廳，那裡有著我一定要與你們分享只應天上有的美食佳餚。賽馬、下班後游泳，還有唱得真棒的《你已失去愛的感覺》（You've Lost That Loving Feeling）。曲棍球比賽、電影之夜和巴黎慶生。喝無數杯的咖啡、進行無止盡的對話，還有發生在二〇一五年的熱狗悲劇。隨著《My Sharona》這首歌起舞，以及邊聽貝多芬邊玩桌遊。把hygge收錄在牛津英語詞典中，讓全世界都能知道這個新詞彙。在鹽湖城的薩滿體驗，與我一同努力，讓這個世界變成一個更幸福的地方。能享受濃咖啡和週日早晨的輕吻。

人生顧問 396

快樂記憶，讓現在更幸福：

丹麥幸福研究專家教你打造美好時刻，讓幸福時光永保新鮮

作　者—麥克・威肯（Meik Wiking）
譯　者—高霈芬
副 主 編—郭香君
責任編輯—龍穎慧
責任企劃—張瑋之
視覺設計—FE設計
內頁排版—新鑫電腦排版工作室

編輯總監—蘇清霖
董 事 長—趙政岷
出 版 者—時報文化出版企業股份有限公司
108019台北市和平西路三段二四〇號一至七樓
發行專線—（〇二）二三〇六—六八四二
讀者服務專線—〇八〇〇—二三一—七〇五
（〇二）二三〇四—七一〇三
讀者服務傳真—（〇二）二三〇四—六八五八
郵撥—一九三四四七二四時報文化出版公司
信箱—10899臺北華江橋郵局第九九信箱

時報悅讀網—http://www.readingtimes.com.tw
綠活線臉書—https://www.facebook.com/readingtimesgreenlife
法律顧問—理律法律事務所　陳長文律師、李念祖律師
印　刷—紘億彩色印刷有限公司
初版一刷—二〇二〇年六月十二日
定　價—新臺幣三六〇元

時報文化出版公司成立於一九七五年，
並於一九九九年股票上櫃公開發行，於二〇〇八年脫離中時集團非屬旺中，
以「尊重智慧與創意的文化事業」為信念。

快樂記憶，讓現在更幸福：丹麥幸福研究專家教你打造美好時刻，讓幸福時光永保新鮮/麥克・威肯（Meik Wiking）著；高霈芬 譯. -- 初版. --臺北市：時報文化, 2020.06
面；　公分. --（人生顧問; 396）
譯自：The Art of Making Memories: How to Create and Remember Happy Moments
ISBN 978-957-13-8219-7（平裝）
1. 快樂　2. 生活指導
176.51　　109006936

The Art of Making Memories by Meik Wiking
Original English language edition first published by Penguin Books Ltd. London

This translation arranged through Andrew Nurnberg Associates International Limited.

ISBN 978-957-13-8219-7
Printed in Taiwan